李颜垒·著

历代文人

他们把生活过成了诗

江西人民出版社
Jiangxi People's Publishing House
全国百佳出版社

图书在版编目（CIP）数据

历代文人：他们把生活过成了诗 / 李颜垒著 . —南昌：江西人民出版社，2019.5

ISBN 978-7-210-10982-2

Ⅰ.①历… Ⅱ.①李… Ⅲ.①文化—名人—生平事迹—中国—古代 Ⅳ.① K825.4

中国版本图书馆 CIP 数据核字（2018）第 283317 号

历代文人：他们把生活过成了诗

李颜垒 / 著

责任编辑 / 冯雪松

出版发行 / 江西人民出版社

印刷 / 天津旭丰源印刷有限公司

版次 / 2019 年 5 月第 1 版

2019 年 5 月第 1 次印刷

710 毫米 ×1000 毫米　1/16　15.5 印张

字数 / 285 千字

ISBN 978-7-210-10982-2

定价 / 45.00 元

赣版权登字 –01–2018–975

版权所有　侵权必究

如有质量问题，请寄回印厂调换。联系电话：022-82573686

前言
Preface

序言：人生得意须尽欢

在历史的长河中穿梭，人们常叹人生苦短，其实大可不必如此悲观。既然已经知道岁月短暂，又何必怀抱着悲苦不放，独自叹息呢？人生当快意，在有限的时间内，将生命的诗意书写得畅快淋漓。豪气如鹰击长空，直飞九霄；霸气似虎啸山林，草木皆惊。快意的人生是千年不熄的熊熊火焰，因热情而燃烧；是永世不败的娇艳花朵，因美丽而绽放。希望的圣火因快意而明亮，生命的芳华为畅快而流芳。

"我本楚狂人，凤歌笑孔丘"，如此狂傲的字句，道出了快意的真谛。快意人生不存在于灯红酒绿中的靡靡之音里，也不存在于卧听风雨的屋舍小楼内，更不存在于感怀伤逝的声声叹息中。快意人生是铁马金戈中的一阵战鼓，是举杯邀明月的几点清高。菊花台，黄金甲，满城将士待疆场中有着快意人生的豪情；而同样，梧桐树，滴水檐，几人对饮青梅酒中也一样可能上演出快意人生的欢畅。千里草原上的一匹骏马，新春杨柳间的几只飞燕，快意的人生中永远都有着一种放纵不羁的自由，一种无尽释然的悠闲快乐。

"古道西风瘦马，夕阳西下，断肠人在天涯"的寂寞凄凉中无法体

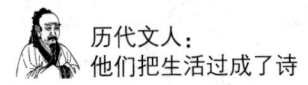

验到快意人生的缩影，只有"人生在世不称意，明朝散发弄扁舟"中才会感受到快意人生的乐趣。其实仔细想一想，人生中快乐总是多于痛苦的，何必将快乐隐藏，将痛苦写在脸上呢？断肠人虽有不得志的惆怅，却不想，他遗失了一个朝野，却得到了整个天涯。他可以体会着小桥流水人家的点滴幸福，可以去感受古道西风瘦马的苍凉，更可以去享受夕阳西下的壮丽。何苦去寂寞地思悲苦，愁断肠呢？

所以，本书就讲述了历代文人的别样生活，在阳光温暖的午后，翻开那散发着淡淡墨香的书页，一个个值得重温的故事浮现在眼前。陶渊明归隐田园，在乡村农舍中的点点惬意，何尝不是达官贵人们所向往的呢？李白遨游天地拔剑斗酒在高山长河间的豪气，让多少人大呼畅快，让多少人心生向往……快意人生——如一道悬挂于西天的灿烂红霞，将红尘一齐揽过，因为拥有了黄昏，所以才拥有了整个世界。阅读着字里行间的诗意与畅快，在顿悟与感动中，希望你能够体会到诗意人生的美丽。

这种古人诗意般的人生包含着仕途坦荡春风得意的点点笑声，也有归田隐居采菊南山下的温馨和恬淡。体会着人生快意，领悟在人生的舞台上演绎着的一些激情，两分感动，三点豪气和四方欢畅的醉人意境。这种感觉有着"君不见黄河之水天上来"的雄壮，有着"狂到世人皆欲杀，醉来天子不能呼"的狂放，有着"一饮尽江河，再饮吞日月"的豪情，有着"安能催眉折腰事权贵"的刚直，有着"不以物喜，不以己悲"的博大，更拥有着"宠辱不惊，看庭前花开花落；去留无意，观天边云卷云舒"的淡然。它是久旱逢甘霖时淋雨的欢畅，那是他乡故知、洞房花烛和金榜题名时，在心中酵酿的一樽千年美酒。

"人生得意须尽欢，莫使金樽空对月，天生我才必有用，千金散尽还复来"，闲读史书，俯仰天地，评点春秋，尘世间有太多的畅快和开怀等待着你去享受，去畅饮。张开双臂，敞开胸怀，深吸清新的空气，将抑郁呼出，你会感到无比快意。

目录

第一章 天地诗心,自有清香

陆贾:一张嘴挽救一个王朝	002
诸葛亮:舌战群儒不比口才	007
刘伶:大人先生为美酒与饮者正名	012
谢安:处变不惊,笑而不言	017
魏征:诤臣风貌智臣骨	022
刘禹锡:君子居之,何陋之有	026
欧阳修:下山,下山,醉	031
李渔:愿君常有闲情,且能停停	036
郑板桥:这辈子,难得糊涂	042

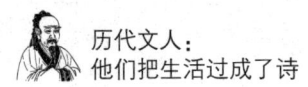

第二章　一世疯狂，够怪才痛快

姜尚：直钩钓鱼，渔翁之意不在鱼	048
东方朔：怪才求职有术	052
苏武：北海牧羊十九载，纵死也畅快	057
阮籍：以酒作狂，"酒狂"当官别开生面	061
贺知章：酒桌遇诗仙，金龟也换酒	067
李白：高力士脱靴，玄宗亲调羹	072
袁枚：乱冈写鬼书，灵机制妖怪	077
纪昀：对对对子抽抽烟	081

第三章　急难坚，勇当先，战犹酣

苏秦：配六国相印，天下兵马在吾手	088
陈平：空头美人计，换得白登山解围	092
郦食其：勇冠三军的高阳酒徒	095
霍去病：鹰击长空，春风得意马蹄疾	100
班超：投笔从戎，三十六骑平西域	105
曹操：一代枭雄，横槊赋诗	109
岑参：飞驰塞北沙如雪	115
辛弃疾：梦回吹角连营	121
郑和：海上称霸，定格大明荣光	126
于谦：要留清白在人间	131

第四章　梦之所向，唯爱不负

司马相如：凤求凰，美姻缘	136
曹植：才高八斗，深爱千年	139
李清照：任是无情也动人	144
柳永：不要浮名，自风流	149
周邦彦：胆大包天，敢与天子争最爱	154
唐寅：点秋香，三笑结姻缘	158

第五章　大师归隐乐，活出高格调

陶渊明：田园与酒，寓乐其中	164
孟浩然：归隐是乐，亦是皈依	169
王维：且行无论笑意芳	174
张志和：诗意地栖居	180
施耐庵：弃官归田园，书写《水浒传》	186
袁宏道：离官场，亲山水	190
王士禛：醉爱羲之迹，闲吟白也诗	194

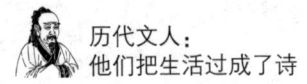

第六章　横空出世惊，飙歌怒放的生命

王勃：滕王阁上书妙文	200
骆宾王：叱咤人生，剑指武则天	204
崔颢：千古绝唱，独步李唐	208
张旭：酒神助，我且狂	213
韩愈：犯颜直谏，上《论佛骨表》	218
白居易：长安米贵，白居不易	223
杜牧：东都放榜未花开，却将春色入关来	229
范仲淹：包容天下之快意	233
苏轼：少年得志，已立峰之巅	237

第一章　天地诗心，自有清香

---•---

不争,不是故作逍遥,而是和困局玩太极,以静制动,不忘初心,砥砺奋进,自有清香,化作乾坤万里春。

陆贾：一张嘴挽救一个王朝

　　陆贾（约前240—前170年），汉初楚国人，西汉思想家、政治家、外交家。

　　陆贾早年追随刘邦，因能言善辩常出使诸侯。刘邦和文帝时，两次出使南越，说服赵佗臣服汉朝，对安定汉初局势做出极大的贡献；吕后时，说和陈平、周勃同力诛吕；其著有《新语》等。

第一章
天地诗心，自有清香

高祖刘邦说，汉朝马上得天下，但是相信如果没有文人陆贾，这马上得来的天下，可能会马上失去。陆贾一生做了很多事情，最重要的事情大约三件：第一，是以三寸不烂之舌，化两场大战于无形；第二，作《新语》十二篇，以亡秦为鉴论治国之道，影响汉室统治；第三，促成了周勃与陈平的"将相和"，使得诸吕之乱能够很快平定。这三件事情，每一件都关乎国家的存亡。因此说他一张嘴说成一个汉朝，虽显得夸张，但绝非过誉。

陆贾早年随刘邦定天下，口才奇佳，是汉初有名的思想家和政治家。对刘邦建立西汉政权，立下大功。刘邦建立西汉政权后，想与雄踞一方的南越王赵佗交好，于是就派陆贾去了南越，劝说赵佗臣服汉朝。由于这个人高超的语言技巧和游说能力，南越王赵佗果然被他说动，于是接受劝说，使南越国成为汉朝的一个藩属国。后来刘邦去世，吕氏临朝，遂与赵佗交恶。吕后派兵攻打赵佗，结果因种种原因反而被赵佗占了便宜，激怒了赵佗，于是他自封为"南越武帝"，最后导致了南越与西汉王朝分庭抗礼的局面，吕后拿他没有办法。吕后死，文帝继位。文帝上台后，先派人修理赵佗先人之墓，又派陆贾去出使南越。他不负重托，再一次说服了赵佗。于是赵佗去除帝号，向汉称臣。

我们不知道具体他是怎么做到的，但是可以想象到他策古论今，口若悬河，动之以情，晓之以理，彼时之风采，一定为世人所仰慕，说不定是当时大名鼎鼎的"超级男神"。

陆贾两次摆平赵佗，功劳不可小觑。第一次说服赵佗，使得刘邦与

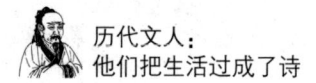

南越王之间不用大动干戈,兵戎相见。可以说一来给了汉朝在征战的疲惫中以喘息的机会,二来也是天下苍生之福,免去战乱,可休养生息。为其他各个藩属国称臣,起到了表率和示范作用。第二次说服,又化一场大战于无形,功德实属无量。以赵佗的实力要是反起汉文帝来,不好说谁输谁赢,即使汉朝能赢,对两边的人民来说也是灾难。陆贾的劝说对汉朝国家一统的作用之大,不言而喻。

陆贾的三寸不烂之舌,不光能够说服赵佗,甚至可以说服一国之君。《史记·郦生陆贾列传》记载:"陆生时时前说称《诗》《书》,高帝骂之曰:'乃公居马上而得之,安事《诗》《书》!'陆生曰:'居马上得之,宁可以马上治之乎?且汤、武逆取而以顺守之,文武并用,长久之术也。昔者吴王夫差、智伯极武而亡;秦任刑法不变,卒灭赵氏。乡使秦已并天下,行仁义,法先圣,陛下安得而有之?'高帝不怿而有惭色。"

陆贾劝解刘邦说得天下当然是靠兵马,靠武力,但是治理天下则不一样。怎么不一样呢?说话得有证据。他先是举汤王和武王的例子,说汤王伐桀,武王伐纣,是逆取,算马上得天下。可是守成的时候呢,是文武并用,所以才能长治久安。吴王夫差和智伯都是穷兵黩武,极武而亡,而秦国则是施酷刑,百姓受不了而亡,假如说秦皇能够行仁义,法贤圣,那你刘邦还能做哪门子的皇帝呢?一席话,动之以理,把刘邦说服了。

当然刘邦这个人能容人也是人所共知的,于是他接受了陆贾的建议。希望他可总结一下兴亡得失,而且在刘邦统治后期,他也是那么做的。于是陆贾做《新语》十二篇,刘邦每篇都说好。这可以说是刘邦由溺冠到尊重儒生转变的信号。陆贾对汉初统治思想形成的贡献是巨大的,从此之后,汉朝文官制度逐步建立。由于重仁义,行仁政,也使得儒生开始逐步为官方所重视。陆贾在《新语》十二篇里对历代帝王政治得失的评判确实有过人之处。他开篇以《道基》，"道"是万物运行的根本，只有奉行"道"的纪纲原则，才能够达到"国治"。从这里出发，陆贾对历史的兴衰进行了深入的探讨。

后来为我们所知道的贾谊和其大作《过秦论》，就是受陆贾《新语》影响而作。《新语·道基》中说："桓公尚德以霸，秦二世尚刑而亡，故虐行则怨积，德布则功兴。"又在《新语·辅政》中说："尧以仁义为巢，舜以禹、稷、契为杖，故高而益安，动而益固……秦以刑罚为巢，故有覆巢破卵之患；以赵高、李斯为杖，故有倾仆跌伤之祸。"指出了尚刑而亡的教训。

于是我们看到贾谊在《过秦论》里说："一夫作难而七庙隳，身死人手，为天下笑者，何也？仁义不施而攻守之势异也！"意思就是说："一个戍卒发难就毁掉了天子七庙，皇子皇孙都死在人家手里，被天下人耻笑，是什么原因呢？就因为不施行仁义而使攻守的形势发生了变化啊。"

他巧妙地规避了版权，实际上和陆贾说的是一回事，只不过陆贾语言集中了点，说尚刑而亡，不施仁政。当然并不是说贾谊没有价值，实际上贾谊那篇《过秦论》议论精彩，论据充分，道理辞章都是极品。这里的主要意思是说，是陆贾开了"以秦为鉴论得失"的先河。于是有了后来的贾山和贾谊。

刘邦去世后，吕后专权，因为晚年没有子孙，所以怕高祖的子孙欺凌吕氏，故大封外戚诸吕为侯。结果她死后，吕姓王便欲起兵叛乱，夺取刘汉政权。当时权倾一时的陈平，立刻意识到自己有可能成为这场斗争的受害者，怎么办呢？一时也想不上来，正好有一天陆贾去了就跟陈平说"天下安则注意相，天下危则注意将。将相和谐众皆服，天下有变亦无妨。何不相结周勃侯，一举定可安汉邦。"这下提醒了陈平。于是陈平又按照陆贾建议的那样，送五百金给周勃，并准备为他庆祝，举行

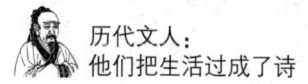

歌舞晚会。周勃其实也有那个打算,只是窗户纸没有捅破,不好意思说,现在陆贾来了,干脆做个顺水人情。于是陈周二人,化干戈为玉帛,和好了。也正因为他们"将相和",所以正如陆贾所说"天下有变亦无妨"。

太尉周勃、右丞相陈平等一起密谋策划,设计使得吕禄交出了兵权。周勃很顺利地将北军控制,接着命令朱虚侯刘章率兵千人以进宫护卫皇帝为名,伺机捕杀了统率南军的相国吕产。后又捕杀吕禄,并分派人手去捕杀诸吕,不论老少全部处死。至此,吕氏集团被剿灭,统治大权又回到刘氏集团手中。

反过来看一下,如果没有陆贾,这"将相和"怕够呛,在那个千钧一发的时候,陆贾深明大义,促和两家,可以说间接地为平定诸吕做了贡献。汉天子能够继续姓刘,当记陆贾一笔功劳。

诸葛亮：舌战群儒不比口才

诸葛亮（181—234年），字孔明，号卧龙，徐州琅琊阳都（今山东临沂市沂南县）人，三国时期蜀汉丞相，杰出的政治家、军事家、散文家、书法家、发明家。其代表作有《出师表》《诫子书》等。刘禅追谥其为忠武侯，故后世常以武侯、诸葛武侯尊称诸葛亮。

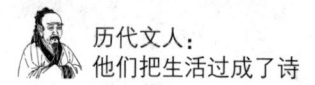
历代文人：
他们把生活过成了诗

"听说刘备三顾茅庐，才把你请出山，以为有了你就如同鱼得了水，想夺取荆襄九郡以自居，但荆襄已被曹操得到，你还有什么主意呢？"

没有等诸葛亮坐定，东吴第一大谋士张昭就开始发难了。

诸葛亮羽扇一摇，看见东吴的众多谋士都蠢蠢欲动，心想，这个人是东吴老主公孙策手下的老臣，孙策临死时，曾嘱咐孙权"内事不决问张昭"，如果自己连张昭都应对不了，就没办法说服孙权联刘抗曹了。

于是诸葛亮不愠不火，谈笑自若而答："我家主公取荆襄这块地盘，易如反掌，只是不忍心夺取同宗的基业，才被曹操捡了便宜。现在屯兵江夏，另有宏图大计，等闲之辈如何懂得这个。国家大事，社稷安危，都要有真才实学的人拿出好主意。而口舌之徒，坐而论道，碰上事儿，却拿不出一个办法来，只能为天下人耻笑。"

孔明淡淡地一笑，把张昭的话题轻轻荡开，使僵持的充满火药味的气氛缓和下来，也为自己挽回了很大的面子：大鹏鸟展翅翱翔万里，它的志向岂是那些小鸟能知道的？一番话后，张昭哑口无言。

搞定张昭，看来事情会向顺利的方向进展，诸葛亮面藏激动，起身对着那些满腹学问的谋士行礼，谁还来？

东吴谋士虞翻问："曹操屯兵百万，将列千员，你说不怕，你吹牛吧。"

诸葛亮抬头一看，虞翻慌得垂下脑袋，看来他已经被曹操的大军吓怕了，于是他一针见血，直指他的痛处，言辞犀利答道："我家主公退守夏口，是等待时机，但我们几千人的微弱兵力都不怕曹操的虎狼之师，而东吴兵精粮足，还有长江天险可守，但却人人怕得要死，个个都在唆

第一章
天地诗心，自有清香

使主子屈膝投降，你们这样胆小如鼠，还有什么脸面在世间为人？你们丢人啊。"虞翻当然无话可对，暗自羞愧。

第三个上来发难的是步骘，他直接讥讽孔明是苏秦张仪之流，是一个只会舌辩的谋士。

诸葛亮踱步自如，他没有辩驳，接住话锋说："就是苏秦张仪，还有匡扶人国之谋，也不像你们这些怕死鬼只知道投降，你们有什么资格嘲笑苏秦张仪？"把这个步骘说满面羞惭，无语退下。

忽然，又有人问道："孔明认为曹操是个什么人呢？"

诸葛亮看那人是谋士薛综，他笑了一下，然后从容答道："曹操乃是汉贼，这还用问吗？"

"你说得不对吧？汉朝历代至今，天数已经完了。如今曹公拥有三分之二天下，人都归心与他。刘备不识天时，强要与之纷争，正是好比以卵击石，怎能不败呢？"

诸葛亮摇摇头，表示自己的失望，然后重新起身，走到薛综的身前，开始用猛烈词语说道："你薛综怎么能出此没有君臣父子、没有高低伦理之言呢？人生在天地之间，应以忠孝作为立身之本。薛公既然是汉臣，却有不臣之心。曹操的祖宗食汉禄，却不思报效汉室，反怀有篡权叛逆之心，让天下人憎忿，薛公却说天数归之曹操，真是无父无君、没有纲常的人呀！请不必多言了！"。

诸葛亮说完，一挥袖，快步离开了薛综的位置，这样说薛综当然无言以对，还白白地挨了骂。

座上又有一人应声问道："曹操虽然挟天子以令诸侯，可毕竟也是相国曹参的后代。刘备虽自说是所谓中山靖王的苗裔，却没有考证，人们亲眼所见的，他只不过是一个编草席卖草鞋的俗夫罢了，有什么资格来和曹操抗衡呢！"

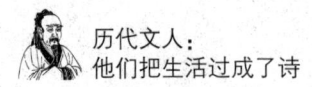
历代文人：
他们把生活过成了诗

诸葛亮看去，原来是陆绩。诸葛亮把手中的羽扇扇出一股清风，然后笑起来说："曹操既然是曹相国的后代，就更证明他世代都为汉臣，而如今他却手握王权，肆意横行，欺君罔上，不仅是目无君主，而且是蔑视祖宗，不仅是汉室之乱臣，而且是曹氏之贼子。我主是堂堂正正的汉室之胄，当今皇帝依据祖谱赐予他官爵，你凭什么说'无可查考'呢？"

诸葛亮停顿了一下，加强自己的语气再继续说道："况且高祖就是从区区亭长开始建业起身的，织席卖鞋又有什么可以为耻辱的呢？我看你真是小儿之见，怎能和高士一起理论！"

陆绩也不禁闭口塞舌。

东吴的谋士一个接一个地向诸葛亮发难，先后有八九人之多，都被诸葛亮反驳得有口难辩。诸葛亮环顾四周，东吴谋士虽有不服，但都已经偃旗息鼓，自己在心底暗乐了许久。

诸葛亮舌战群儒的背景是曹操拥兵百万南下，意在一举消灭刘备、孙权。孙权手下的谋士大都主张降曹自保，只有鲁肃主张联合刘备一起抗曹。但鲁肃自知难以说服孙权和东吴的文臣，特意请刘备军师诸葛亮来当说客。于是，便有了历史上一场激情四溢的辩论。

舌战群儒，诸葛亮意气风发赢了东吴的谋士团队，但是孙权还没有下定决心打仗。

接着主宾相见，孔明见孙权碧眼紫发，仪表堂堂，觉得他相貌不一般，只能用话激他，不能光讲道理。主战派和主和派争论依然不休，诸葛亮对他们摇摇头就快步上前说道："将军要么乖乖地投降；要么就跟曹操绝交。如今，将军嘴上说要降曹，心里又不想降曹，形势危急，却总是拿不定主意，大祸可就要临头了！"

孙权听了非常生气地说："刘备现在才是死路一条，怎么还不去投降？"

第一章
天地诗心，自有清香

诸葛亮觉得自己的计策已经成功，只需再加一把火，他镇定回道："过去，像田横那样的壮士都能坚守大义，不容屈辱，何况刘备是汉室宗亲——事之不成乃是天意，怎么能自己就先屈服于他人之下呢！"

孙权果然被激怒，自己占有六个大郡难道还不如身无寸土的刘备吗？

尽管孙权愤怒，诸葛亮可心情愉悦了，临江沐风，他知道自己舌战群儒没有白费，自己这一趟出行没有白费。

果然，第二天一早，孙权升堂议事。诸葛亮看到的就是东吴老大孙权拔出宝剑，一下砍去了桌子的一角，坚定地说："谁敢再提降曹之事，就与这桌子一样的下场！"堂下一直嚷嚷的主和派再也不敢吭声。

诸葛亮出使大功告成，说遍东吴，破曹有望。他伫立船头，依然手执羽扇，微风拂面，衣裙翩跹，鲁肃在一旁还在琢磨着怎么这么快战线就统一起来了，却没有觉察到快意浮上诸葛亮的脸庞。

刘伶：大人先生为美酒与饮者正名

刘伶（生卒年不详），字伯伦，沛国（今安徽淮北）人，魏晋时期名士。刘伶嗜酒不羁，被称为"醉侯"，好老庄之学，追求自由逍遥、无为而治。曾在建威将军王戎幕府下任参军，因无所作为而罢官。泰始二年(266)朝廷征召刘伶再次入朝为官，被刘伶拒绝，后卒。刘伶现今存世的作品只有《酒德颂》和《北芒客舍诗》。

第一章
天地诗心,自有清香

酒鬼刘伶不但喜欢品酒,而且还喜欢自己酿酒。竹林旁边的那三间茅草房几乎成了他的酿酒实验室,每日他都会在里面忙忙碌碌,既寻找着酿造美酒的配方,同时也让美酒首先将自己灌醉。

然而刘伶终究没有什么朋友,除了酒之外,他已不知道谁可以亲近,谁可以与之游野谈心。不错,他是孤独的,从他一生下来就成为众人遗弃的对象。身长不满六尺,容貌像枯槁的树木一样丑陋,这就是刘伶了。

丑陋的刘伶,行走于市巷,众人都唯恐避之而不及,于是热闹的街巷变得冷清,临街的店铺选择提前打烊。但刘伶似乎总对眼前的景象毫不在意,因为平生的白眼他已经吃惯,他对世俗的世界失去了任何好感。所以他总是认为自己已经不是生活在世俗世界的世俗之人了,而是生活在与之对应的酒的世界里的"大人先生"。

"大人先生"的绰号是刘伶自封的,市井之人是从来不会认为刘伶会与"大人先生"这个词沾上任何关系的。但是他们也接受了这个称谓,带着讥笑和昭然若揭的言不由衷。所以刘伶得以成为酒的世界的主宰,成为酒界的王者和"孔孟"。他有权制定这个世界的王法和道德规范,《酒德颂》就是他制定这一切的纲领性文件。在这个世界里他"以天地为一朝,万朝为须臾,日月为扃牖,八荒为庭衢",他蔑视一切俗世礼法和教条。

他精心撰构着,他自己就是那个道德高尚的"大人先生",他可以尽情地享受酒界的一切荣华和富贵。在这个世界里开天辟地也只不过需

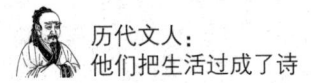

要一天而已,亿万年甚至更长都只不过是须臾之间。这就是醉与醒的区别,醉是美妙的,而醒却是枯燥的。因为在醉时,即使成人也可以构建起他自己的成人童话,就像在童年天真地数着天上的星星一样。日月星辰只不过是我们的门窗或者装饰,天地八荒也只不过是庭院中的蜿蜒小道。于是在酒的世界里,任何人都可以像刘伶一样生活,虽然那时刘伶是里面唯一的国民。

他行走没有一定轨迹,居住无一定房屋。他以蓝天为帘幕,以大地为卧席。他放纵自己所有心意,既随遇而安又不知其期。他无论动静都随身携带饮酒器具。只是沉湎于杯酒,而不知道其他的事情。这最终成为他在酒的世界里的生活重心,"唯酒是务,焉知其余",所以无论他做什么都会带有迷人的魅力。

可是不知从哪里却走来了一个显贵公子或者仕宦官员模样的人,他居然听到刘伶的名声,误入他的世界,并且还议论着他的行为。这一切又怎么能让他忍受下去呢?于是他敛起袖子,绾起衣襟,张目怒视,咬牙切齿。可是那个人仍然在那里喋喋不休,陈说礼仪法度,是是非非一起产生的道理。此时"大人先生"却根本不管这些了,和这样的人生气简直没有必要。于是他捧起酒瓮,抱着酒槽,衔着酒杯,喝着浊酒。一面拨弄着胡须,伸腿箕踞而坐。一面枕着酒曲,垫着酒糟。他仍然无思无虑,其乐陶陶。他昏昏沉沉地喝醉,又猛然间清醒过来。他安静地聆听,却听不到雷霆之声。仔细地看,却看不见泰山的形体。他再也感觉不到寒暑近身,利欲动心。此时他俯瞰万物,犹如萍之浮于长江、汉水,随波逐流,不值一提。

酒界既然建立,王法制度也都有了,那么现在只需要去结交酒界的朋友了。孤单半生的刘伶,这时终于找到了可以和他一起谈酒谈玄的不二人选。嵇康和阮籍晃着醉醺醺的身子,带着空空如也的酒葫芦,突然

第一章
天地诗心，自有清香

闯进刘伶的三间茅屋，他的实验室。正在忙碌的他，还以为又是哪个贵家公子胆敢来酒界滋事，于是他举起酒勺准备一场搏斗，因为这次他再也不想听这些人废话了。此时他的酿酒实验正在紧张地进行当中，他不允许任何可能的中断。

因为这已经不是第一次了，当一个善于陈说礼仪法度的人走后，第二个人又来了。这次他对刘伶纵酒放达后在自家屋里经常裸身的习惯提出了严厉的批评，刘伶却不屑一顾地回答道："我以天地为栋宇，屋室为裤衣。诸君何为入我裤中？"一句话直说得眼前之人哑口无言，刘伶不觉仰天哈哈大笑。

而这次来的又是哪些公子哥呢？刘伶不觉有些纳罕。但见眼前的两人与以往的纨绔子弟的装饰完全不一样，倒是有些自己的影子，不拘衣衫纽扣，不嫌尺寸长短，但求随意自适。所不同的是，眼前二人个个身长七尺，直有凌云玉树之感。此时嵇康不由发话："尝闻竹溪刘伶，善酿美酒，嵇叔夜特来求之。"其声有如洪钟大鼓，让刘伶顿然有种神清气爽的感觉。说话间，嵇康更拿出随身携带的古琴，忽尔席地而坐，将琴置于膝上，随兴而抚《广陵散》琴曲。这下真让刘伶犹如喝醉一样，陶醉其中，继而刘伶忽有所动，借着琴曲的悠扬节奏，他将两大坛酒即兴勾兑在一起，酒香随即和琴声弥漫开来，直到十里之外。

于是三个人在竹林里直喝得昏天黑地，谈兴更是随着酒意一浓再浓。将宇宙万物以及家庭琐事等量齐观，于是无为即是无不为，此时三人已不觉一同进入到酒的世界。竹林里但见溪水长流，而无人迹物语。而在酒的世界里，三人此时已经乘上鹿车，在原野里奔驰。

而世俗间还有个刘伶，他终究没有逃出世俗的罗网。一日天热甚渴，他只好求酒于他的妻子。妻子却捐酒毁器，涕泣谏曰："君饮太过，非摄生之道，必宜断之。"为了免遭酒劫，他只好佯装答道："善！吾不

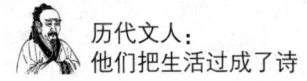

能自禁，惟当祝鬼神自誓耳。便可具酒肉。"妻子这才给了他酒具。于是乃跪祝曰："天生刘伶，以酒为名。一饮一斛，五斗解酲。妇人之言，慎不可听。"仍引酒御肉，隗然复醉。真真是两个刘伶，而他们却是一样可爱。

谢安：处变不惊，笑而不言

谢安（320—385年），字安石，号东山，东晋政治家，军事家，浙江绍兴人，祖籍陈郡阳夏（今中国河南省太康）。历任吴兴太守、侍中兼吏部尚书兼中护军、尚书仆射兼领吏部加后将军、扬州刺史兼中书监兼录尚书事、都督五州、幽州之燕国诸军事兼假节、太保兼都督十五州军事兼卫将军等职，死后追封太傅兼庐陵郡公。世称谢太傅、谢安石、谢相、谢公。

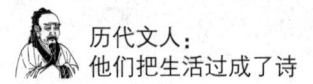
历代文人：
他们把生活过成了诗

"苻坚百万之众已瞰吴江，桓温九五之心将移晋鼎，衣冠易虑，远迩崩心……惟扬去累卵之危，斯为盛矣。"东晋王朝的命运系于谢安一身，而谢安也是不负众望，羽扇轻扬，曾令前秦百万大军土崩瓦解；笑谈之中，顷刻令即将兵变的东晋转危为安。

苻坚率领自诩为"投鞭断流"的百万之众，在淝水摆开一口吞掉东晋之势。举国只有八万北府兵的东晋是朝野皆恐慌，而此时的东晋总指挥官谢安正与侄子下围棋，"争棋赌墅意坦然，心似游丝扬碧天"。这山雨欲来风满楼面前闲庭信步的表演，既稳定了南朝的民心，又大大鼓舞了晋军将士的士气。谢安从容不迫地一面拈起棋子，一面迎来了与苻坚的决战。

双方决战以诈降前秦的东晋将领朱序大喊"秦军败了"开始，谁知苻坚的军队拔腿就逃，竟然自相践踏死者蔽野塞川，奔逃者听到风声鹤唳也以为晋军追至，足不停步马不停蹄地逃向了北方。不一会战报到达谢安处，他轻轻一句："小儿辈大破贼。"

此言一出不仅给淝水之战画上了圆满的句号，胡沙沉于海底，还给了中国南方近二百年的相对平安，对中国南方的经济、文化产生了重大影响。

谢安用围棋来展现山崩于前色不变，海啸于后声不动的人格魅力，使得南朝皇帝、士大夫们都成为了谢安的铁杆粉丝和铁杆棋迷。人们都以下围棋来争相模仿谢安，展示和抬高自身的修养，围棋迅速迎来了黄金时代。

这是偶像效应。

其实,谢安在为官前已经是当时士人心中的偶像。他的一位同乡一次随身带了五万把当地产的蒲葵扇前来投靠谢安。谢安随便挑选了一把中等货色的蒲葵扇,无论出入都握在手中,结果不出两天,"谢家扇贵",本来滞销的东西一下成了抢手货,扇价在很短的时间里翻了好几倍,偶像的力量是无穷的。

谢安更作为后世文人的偶像,其文治武功自有过人之处。淝水之战无疑是谢安一生的代表作,其淡定从容的风度,其指挥若定的风范,其扶大厦于将倾的伟力,让后人顶礼膜拜。

其实,早在多年之前谢安就有淝水之战的预演。那一日,他和好友王羲之、孙绰等几人一起到海上去游玩。大家一边观赏着美景,一边吟诗作歌,正玩儿得高兴,却忽然起了风浪,而且越来越大,随时都有翻船的危险。这下可把大家吓坏了,诗也不吟了,在船上跑来跑去,惊慌失措间互相问"怎么办?怎么办?"。

而这时,谢安就像淝水之战前一样,无比镇定,还把他的诗慢慢吟完了。他抬头看了看几个人手忙脚乱的样子说:"要这样惊慌的话,那就真的回不去了。"这句话还真是起作用,听了他的话,大家竟都渐渐安静下来了。这几位都是何等聪明之人,立刻就想明白了:这么惊惶失措,没准本来翻不了船,手忙脚乱间倒翻了呢。大家稳定下来后船还真平安返回陆地。

淝水之战前,同样如此,争胜败谁也无法完全预料,但是把准备工作做好,就该安安静静地面对将要发生的事情,镇定,事情才会向最好的结果发展。

这件事,让王羲之他们都对谢安十分钦佩,他们商量说:"汝有镇服国家的气度,我们应该一道推举你"。

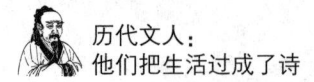
历代文人：
他们把生活过成了诗

可是谢安对朝廷的屡次征召都推辞了，依然出则渔弋山水，入则言咏属文，挟妓乐优游山林，"谢公东山三十春，傲然携妓出风尘。"

当时谢安的行为激起了不少大臣的不满，接连上疏指责他，朝廷因此做出了对他禁锢终身的决定，然而他却不屑一顾，泰然处之。

后来，谢氏家族中谢奕病死，谢万被废，使谢氏家族的权势受到了很大威胁。晋升平四年（公元360年），征西大将军桓温邀请他担任自己帐下的司马，消息传出，朝野轰动。桓温得了谢安后十分兴奋，一次谢安告辞后，桓温自豪地对手下人说道："你们以前见过我有这样的客人吗？"

但很快，历史就给了他们二人一个正面交锋的机会，也着实让谢安在历史上风流了一把。晋简文帝时，权臣桓温想要简文帝禅位给他，简文帝死后，谢安等人趁他不在京都，马上立太子做了皇帝。桓温气急败坏，于是在晋宁康元年（公元373年）二月，亲率大军，杀气腾腾地回兵京师，向这个自己昔日的部下谢安问罪。

二月的京城，春寒料峭，桓温的到来更给这里增添了一派肃杀气象，谢安却镇定安闲。他并不看桓温布置在四周铁桶似的卫兵，而是先作了一首咏浩浩洪流的《洛生咏》，他小秀了一把酷，就把桓温镇住了，然后他从容地说："我听说诸侯有道，就会命守卫之士在四方防御邻国的入侵。明公入朝，会见诸位大臣，哪用得着在墙壁后布置人马呢？"

桓温锐气全失，赶忙赔笑说："正因为不得已才这样做呀！"他连忙传令撤走兵士，笼罩在大家中间的紧张气氛一下子消除了。接下来，他又摆酒设馔，与谢安两人"欢笑移日"，在这欢笑声中，朝廷总算度过了一场虚惊。

谢安，站在官场高处，成就了功业，始终不曾失去内心的高贵，艰险中拒权臣匡扶国家，却从不做卑躬屈膝之事。不结私党，功成不居。在潇洒中实现自己的功业，在成就功业中玩味自己的潇洒，成为魏晋以后文人的一个不朽的坐标。

魏征：诤臣风貌智臣骨

　　魏征（580—643年），字玄成，钜鹿郡（一说在今河北省巨鹿县，一说在今河北省馆陶县，也有说在河北晋州）人，唐朝政治家、思想家、文学家和史学家，因直言进谏，辅佐唐太宗共同创建"贞观之治"的大业，被后人称为"一代名相"。著有《隋书》序论，《梁书》、《陈书》、《齐书》的总论等。其言论多见《贞观政要》。其中最著名，并流传下来的谏文表——《谏太宗十思疏》。

第一章
天地诗心，自有清香

透过历史千年的光阴，只见唐朝那段繁华的岁月里，上演着一幕幕醉人的喜剧，而其中却有一个"妩媚动人"的小老头的身影，很是显眼。

贞观六年的金秋时节，太宗李世民设宴饮乐。席间，他凑到自己的大舅子长孙无忌耳朵旁边，说：如果我不听那个叫魏征的小老头的进谏，他就会拿架子不理我，你说这是为什么？

谁知魏老头的耳朵不但长还灵，他立马凑了过来：我进谏就是有意见，您意见都不肯听了，我还搭理您，您就真要自行其政了，我这是沉默抗议。

李世民生气地说：你不会先应付我一句，转过头再来进谏吗？

魏老头绷着脸道：我若当面顺从转身却说坏话，可不符合圣人的教训。

大唐天子觉得这老头说话的模样逗极了，便指着他说：人道魏征粗鲁傲慢，我怎觉得他"妩媚动人"呢？

这事情记载在欧阳修编的《新唐书》中，其中的言辞对魏征满是赞誉。魏征粗鲁傲慢的进谏倒是真的，他是出了名的率直性子，前后共劝谏唐太宗200余次，成功率很高。尽管魏征很少直接参与各种政策的制定，但正是他敢做人所不敢做，敢说人所不敢说，避免了唐太宗的不少错误，对贞观盛世做出了巨大的贡献。他的《谏太宗十思疏》，是留给李世民乃至后代帝王最宝贵的治国财富。因此，他们被称作理想的君臣。

魏征与李世民是封建社会中罕见的一对君臣：魏征敢于直谏，多次拂太宗之意，而太宗竟能容忍魏征三番两次"犯上"，而且基本上都采纳。费正清就说：魏征在朝廷起了清廉刚直的表率作用和限制皇权的作用。他成为太宗时期政治特色的一个象征，这个特色就是君臣以诚相待，

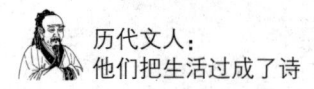

彼此坦率地交换意见。能成就君臣之间的坦诚相待，古往今来，唯有太宗魏征一对。魏征的直谏成就了太宗最善于纳谏的美名，而太宗之明反过来也成就了魏征一代谏臣的荣誉。

看看商之比干、夏之关龙逄、明之李仕鲁的下场就应该羡慕魏征生逢其时，换成在商纣、夏桀时代当官，不说直言200次，一次就足以要了其性命。当然李世民大多接受魏征的观点，还在于他的建议基本都是正确的。他一贯重视与民休息，反对铺张浪费，即使在群臣一致要求搞封禅大典，而唐太宗也倾向于搞封禅的形势下，他也一个人表示坚持反对立场。他提醒唐太宗要听取各种不同的意见，君臣要以诚相见，如"兼听则明，偏信则暗""居安思危"等名言，都十分精辟，历来被世人奉为治世、修身格言。魏征还善于运用历史教训，提醒唐太宗的为人处世，尤其擅长拿出隋炀帝这个反面教材来类比，太宗最怕的就是和隋炀帝一样亡国，因此效果极佳。

魏征让后来者敬佩的地方还在他从来不看皇帝的脸色，管他阴晴圆缺，照说不误。俗话说："伴君如伴虎"，稍一不慎，就有杀身之祸，可是魏征不在乎，该怎么提就怎么提。

一次，魏征在上朝的时候，跟唐太宗争得面红耳赤。唐太宗实在听不下去，想要发作，又怕在大臣面前丢了自己接受意见的好名声，只好勉强忍住。退朝以后，他憋了一肚子气回到内宫，见了他的妻子长孙皇后，气冲冲地说："总有一天，我要杀死这个乡巴佬！"长孙皇后很少见太宗发那么大的火，问他说："不知道陛下想杀哪一个？"唐太宗说："还不是那个魏征！他总是当着大家的面侮辱我，叫我实在忍受不了！"长孙皇后听了，一声不吭，回到自己的内室，换了一套朝见的礼服，向太宗下拜。唐太宗惊奇地问道："你这是干什么？"长孙皇后说："我听说英明的天子才有正直的大臣，现在魏征这样正直，正说明陛下的英明，

第一章
天地诗心，自有清香

我怎么能不向陛下祝贺呢！"太宗听后，怒火顿消。

毫无疑问，魏征和太宗在贞观年间度过了一段美好的政治"婚姻"。他们两人的默契配合是贞观一朝政通人和的小缩影。封建社会，君在臣的眼里是不可随意冒犯的，君臣之间有一道不可跨越的鸿沟。一个朝代从来不缺少有想法、对君主有意见的人，但能像魏征那样大胆地说出来，丝毫不留一点在心里的人太少了。魏征是幸运的，唐太宗也是幸运的，他们相逢在历史的转折点上，共同奏响了封建社会的一段和音。魏征每一次的突然出现，唐太宗都能预感到即将发生的事情，因此也出现一个令人捧腹的小插曲。

唐太宗得到了一只鸟，喜欢得不得了，有一天他正在逗鸟，有人通知他魏征来了，唐太宗一看不好，鸟没地方放了，就藏在自己怀里。魏征一进来，发现唐太宗神色异常，再看旁边放着的笼子，大抵明白他之前在干什么，但是没有说什么，继续向唐太宗报告另一件事，从隋朝灭亡开始，大半天没完没了，直到发现唐太宗怀里的鸟不动了才告退。魏征走后，唐太宗发现鸟憋死了！

初一看来，此事容易令人发疑：究竟谁是皇帝。憋死了一只鸟并不可怕，憋死一个国度才可怕，这一点太宗还是明白的。但是唐太宗再厉害，估计也很难想到他当年从太子建成那里招降来的魏征会是一个"胆大妄为"的谏臣。从魏征开始侍唐以来，唐太宗历经了从"受不了"到"还能接受"，直到最后简直离不开魏征的地步，见到魏征先正己都成了习惯。

公元643年，魏征去世。唐太宗挥泪说出了心声："人以铜为镜，可以正衣冠；以古为镜，可以知兴替；以人为镜，可以知得失。魏征没，朕亡一镜矣！"魏征是特殊时代涌现出来的特殊人物，在君臣齐膝而谈的氛围里，谁不能通过每一段求言、争论、辩驳，看到盛世的身影朝着他们走来？

刘禹锡：君子居之，何陋之有

　　刘禹锡（772—842年），唐代文学家、哲学家，字梦得，洛阳人，自称"家本荥上，籍占洛阳"，又自言系出中山。其先为中山靖王刘胜。有"诗豪"之称。有《陋室铭》《竹枝词》《杨柳枝词》《乌衣巷》等名篇；哲学著作《天论》三篇，论述天的物质性，分析"天命论"产生的根源，具有唯物主义思想；有《刘梦得文集》，存世有《刘宾客集》。

第一章
天地诗心,自有清香

自古逢秋悲寂寥,

我言秋日胜春朝。

晴空一鹤排云上,

便引诗情到碧霄。

(刘禹锡《秋词》)

刘禹锡贬官来到和州,地方上公务不多,每天都有很多时间。他与当地的官员又合不来,不过这倒也省了很多应酬,索性他就约上几个好友到处游山玩水。有天出城远游,与友人一路吟诗作对,笑论古今,归来时心情很好,进门时还在摇头晃脑地吟着:"晴空一鹤排云上,便引诗情到碧霄。"甚是得意。

刘禹锡刚到客厅坐下,他的妻子便走过来说:"老爷,刚才书丞来过,问我们住得可还好,还说知府大人给我们在城北新找了处房子,让我们择日搬过去,说城北比较繁华,居民多,住在那儿热闹。"

噢?刘禹锡想,这位知府大人还真是"照顾"自己啊!

还记得刚来的时候,有懂事的人给他提醒,让他来了一定记得先到知府的府上去拜访,偷偷把见面的礼钱送去,日后好有个照顾,如果不行贿的话,怕是要有小鞋穿。刘禹锡当然没有去,朝廷里的权贵他都不放在眼里,怎么会去巴结这么一个小小的知府呢?

果然,他来这里当刺史,住房标准应该是三进三出的大院,结果知府给他安排了城南的一处宅子,只有前后两个小院,而且城南属于没有

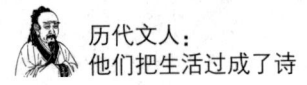

开发的地方,周围荒凉,住户很少。知府直抱怨别的地方住房实在紧张,连连说不好意思,只有请他先委屈下了,等过段日子一定给他找个好房子。刘禹锡抬头看去,那位知府虽然嘴上说抱歉,眼角里分明透出不屑与讥讽,满脸的得意之态。

刘禹锡很豁达,明明知道是知府在报复,他却并不理会,房子虽小,他也不放在心上,收拾了一下就和家人住了进去。这个房子虽然不宽敞,但是面临长江,推窗便可以看到浩瀚的江面,上有白帆点点,往来游弋,风景真是不错。在屋里他每天吟诗作赋,读书习字,累了就到门前的江边散散步,时不时还邀上几个好友来屋中小聚,其乐融融,生活很是惬意。一高兴,他便写了一副对联挂在门口:面对大江观白帆,身在和州思争辩。

怎么,知府良心发现了?不可能吧。到任这三个月来,自己一直就是不买知府的账,不光礼没送,每天到衙门办公他也不卑不亢的,事情该怎么办怎么办,谁的面子都不给。渐渐地,知府的笑脸都懒得对他打了。想到每次知府见到自己时拉长的脸,刘禹锡"噗"地就乐了:"不管了,明天我们看看新房子去。"

来到北城,见到新房子,刘禹锡就明白是怎么回事了,这个所谓的新居是个单门独院,只有一个院子,还用过很多年了,不过是个遗留下来的普通民房。妻子为难地看了看他,刘禹锡心想,原来是我那副对联把他惹恼了,看我在那住得开心,存心给我找不痛快来了。好,我倒要你知道,不管在哪里,我都照样过得潇洒。于是便道:"房子小点怕什么?搬!"

说搬就搬,刘禹锡还真不含糊,住进新家后每天依旧读书写诗,交朋聚友,就是不向知府服软。他甚至还买了张琴,每天饭后就坐在门前弹,很是怡然自得。周围很多老百姓都被吸引了过来,吃饭时间大家本来也没什么事,就聚过来听琴。刘禹锡弹完了就和他们拉家常,问和州的事情,

第一章
天地诗心，自有清香

官员的口碑，还给他们讲京里的趣事，与百姓打得火热。而且这里也在长江岸边，每当傍晚，刘禹锡都会来大坝上走走，坝上种了很多柳树，微风拂过，风景宜人。

几个月后的一日，刘禹锡来江上散步，看着眼前美景，又想到了两句："垂柳青青江水平，人在历阳心在京。"回去后就写下来当对联贴在了门上。存心要气那位知府大人，你不是看不得我过得舒服吗？我还就是要让你知道我生活得有多顺心。

果不其然，不多久那位书丞又来了，进门后直搓手，显得很不好意思，刘禹锡一猜就明白他干吗来了，冲他抱了抱拳："策兄，别来无恙？今日登门有何指教？""刘兄，知府大人让我来转告您，他给您在城中新找了处房子，那里离衙门近，您上班方便。"说完自己也笑了，刘禹锡看着他也笑，大家心照不宣，气氛有些凝滞。俩人就那么含笑站着，半晌没人说话，终于，还是书丞打破了话题："明天我陪您去看看房子吧？"刘禹锡想了想，说："不必看了，告诉我位置，我明天就搬。"

新家干脆就是一间房子了，连个院子都没有，在城中，也不临江，孤零零地立在一片草地上，看来知府真被他的对联气坏了，存心不让他有好风景看。刘禹锡心想，你们作弄我，我偏乐；要我忧，我偏喜，看最后到底是谁憋气！

"搬家三年穷。"才来了和州半年，刘禹锡便搬了三次家，他虽然为官清廉，没有多少家产，但他酷爱读书，家具没有多少，书画倒是有几大车，搬来搬去也很烦人，他的妻子不禁有些抱怨，刘禹锡笑着说："我若肯卑躬屈膝，早就在朝中当上大官了，到这里仅仅为了房子的事就服软，那我以前做的事情多不值呢。"

停了停，他轻轻念道："晴空一鹤排云上，便引诗情到碧霄。这只鹤就是我，独特、孤独，只有顽强才能冲破秋天的肃杀，将诗情带上天空。

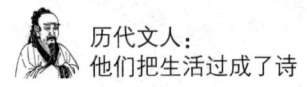

面对困难,只有不屈,才能带来希望。如果选择退缩,最终只能一事无成。"他仿佛在对妻子说,又仿佛在自言自语。

几个月后,同期被贬柳州刺史的好友柳宗元专程来看他,很吃惊他住处的环境,知道刘禹锡是遭受势利小人冷遇时,愤懑不平,立即表示要上书朝廷,"情愿以自己被遣之地柳州换和州,虽得重罪,死不恨。"

刘禹锡摆了摆手:"子厚,今天你专程来看我,不要谈这些扫兴的事了。再说我在这里过得照样自得其乐,没有什么好担心的。让我们还是吟诗行酒,一醉方休吧!"

门里,传来了觥筹交错的声响和豪放的笑声。

第二天,刘禹锡酒醒后,走到窗前,看着屋外满园的青色,沉思了会,转身回到书案上,提笔写下一篇《陋室铭》——

  山不在高,有仙则名;水不在深,有龙则灵。斯是陋室,惟吾德馨。苔痕上阶绿,草色入帘青。谈笑有鸿儒,往来无白丁。可以调素琴,阅金经。无丝竹之乱耳,无案牍之劳形。南阳诸葛庐,西蜀子云亭。孔子云:"何陋之有?"

他要让所有的朋友和小人知道,有他刘禹锡居住的地方,就一定是诗意人生之地。

君子居之,何陋之有?

欧阳修：下山，下山，醉

欧阳修（1007—1072年），字永叔，号醉翁、六一居士，汉族，吉州永丰（今江西省吉安市永丰县）人，北宋政治家、文学家，且在政治上负有盛名。因吉州原属庐陵郡，以"庐陵欧阳修"自居。官至翰林学士、枢密副使、参知政事，谥号文忠，世称欧阳文忠公。后人又将其与韩愈、柳宗元和苏轼合称"千古文章四大家"。与韩愈、柳宗元、苏轼、苏洵、苏辙、王安石、曾巩被世人称为"唐宋散文八大家"。

欧阳修是在宋代文学史上最早开创一代文风的文坛领袖。领导了北宋诗文革新运动，继承并发展了韩愈的古文理论。他的散文创作的高度成就与其正确的古文理论相辅相成，从而开创了一代文风。欧阳修在变革文风的同时，也对诗风词风进行了革新。

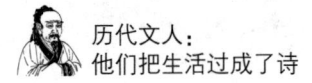
历代文人：
他们把生活过成了诗

觥掉了，杯盘冷了，山峦亭宇颠倒了，倦鸟衔花飞远了。

夕阳在山了，人影散乱了。

白发太守在哪里？

答曰：太守醉了⋯⋯

酒醉后，他却总是那样清醒。

山风一吹，头发和胡须肆意凌乱，松竹在头顶簌簌作响，夜晚的空气让人安详。欧阳修一个人拄着竹杖，缓缓地在下山道上踱着步子，他喜欢每次在山上喝过酒后就把宾客和仆人们一一打发走，然后自己独自一人下山。

夜气慢慢升了上来，酒气在习习凉风中渐消，脚下的沙石路踩上去轻飘绵软，胃肠温热有余，口中似乎想要哼唱。只有这个时候，欧阳修才真正觉得这琅琊山是属于他的，这酿泉是属于他的，这醉翁亭是属于他的，包括这山间的夜气、凌空的落叶、归巢的鸟儿、淙淙的溪水⋯⋯统统是属于他的。

来滁州做太守已一年有余，政通人和，稼穑丰饶，是难得的好年景，按说整个滁州城都是属于欧阳修一个人的，全县的百姓都把他当作父母官。然而，只有在这个时候，当所有的朋友和仆人都被他打发走之后，他才觉得真正的快乐才开始慢慢地向他靠近。

一个人酒后，这世界变得可爱起来，伸手可以抓到的风，放眼可以望见的月亮含笑的脸孔。夜晚的薄雾笼罩着琅琊，把岩石抚摸成温柔的

第一章
天地诗心，自有清香

火焰，将树影缝制成梦幻的衣衫。绛紫色的世界，一切都开始晃动。醉翁亭上钻出了成千上万只小飞蛾，它们各自夹着些许光芒，遍布山间。当欧阳修走到山下时，那些发亮的小飞蛾已经越飞越高，越飞越远，早已经和夜空中的星子混淆莫辨了。

……

欧阳修已经快步入不惑之年了，因支持范仲淹等人的"庆历新政"而受到牵连，被贬知滁，然而这座偏远的滁州城却令人意想不到地成为了欧阳修压抑年代里的一块乐土。政治上的恩恩怨怨都渐渐躲进历史，随风长逝，能够在欧阳修心中沉淀下来的永远是那片美丽如画、画中无人的风景。

是他，这位自称太守的三流官员，用他那双善于发现美的眼睛发现了琅琊山，一块比官场更精彩的地盘，只要一踏入山界，定会令人产生如入仙境一般的感受：山石突兀、绿树掩映、白云缭绕、山风翩然、泉水清冽……庆历六年，欧阳修下令在琅琊山建醉翁亭。那亭像是天宫里的神鸟衔来了一颗南海的珍珠，把它安放在了最合适的地方，熠熠生辉。于是，大自然的鬼斧神工与人类的奇思妙想达成了完美的耦合：

> 环滁皆山也。其西南诸峰，林壑尤美。望之蔚然而深秀者，琅琊也。山行六七里，渐闻水声潺潺，而泻出于两峰之间者，酿泉也。峰回路转有亭翼然临于泉上者，醉翁亭也。作亭者谁？山之僧智仙也。名之者谁？太守自谓也。太守与客来饮于此，饮少辄醉，而年又最高，故自号曰"醉翁"也。（欧阳修《醉翁亭记》）

饮少辄醉，年又最高，号曰"醉翁"。欧阳修就这样踏入了他极端

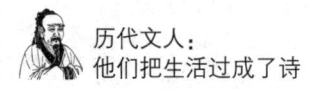

喜爱的角色。在醉翁亭,他找到了毕生的最爱之物。

在一个男人与一片风景之间,摆着一个酒壶。这,就是"醉翁"欧阳修的人生美学。

"醉翁"从来都能从酒中提取二重境界:一重求醉,一重求醒。

当某一个晴好的下午,欧阳修放下案头烦心的公务,邀上三五友人共登琅琊,和风送暖,春景明媚,亭前远眺,身心畅达。端起石桌上的酒壶,斟满酒杯,同友人与风景会饮,此地甚欢。官场上的欧阳修也饮酒,但那杯中之物味如白水,席间坐者类如木偶,他是从来不会醉的,而在醉翁亭,三杯下肚,欧阳修就有些气韵朦胧了。

醉翁是求醉的。政治冰冷无情,带来许多烦恼,酒是最好的解忧剂,仿佛什么东西一经麻醉就会变得温暖、柔软,可以把它吸纳进自己的身体,填充进自己的记忆而不留伤痕。还有眼前这片风景,林壑尤美,蔚然深秀,美得叫人不忍去看,怕自己浑浊的目光触伤了这里湖水一般的平静。"醉翁"只求一醉,把该忘掉的忘掉,把该收起的收起。在醉感中品味宴酣之乐,人生之喜。壮年时期遭贬抑是痛苦的,然而此刻此地的纵酒却是另一番滋味:

醉翁之意不在酒,在乎山水之间也。山水之乐,得之心而寓之酒也。

(欧阳修《醉翁亭记》)

"醉翁"的醉酒不是嗜酒,不是贪杯,不是买醉。而正像他自己所说的那样,在乎山水,并且得之心而寓之酒。酒只是手段,乐才是目的。就像酒过三寻,菜过五味之后,欧阳修会照例打发他的宾客和仆人们先走,让轿夫们抬空轿子下去,等人们都远去之后,一个人才悠闲地步行下山。

醉翁在微风中渐渐酒醒,他要在下山途中体验这人世间的至乐。

平日里欧阳修在醉翁亭远眺,是看山是山,看水是水;

酒酣之际再望过去,是看山不是山,看水不是水;

酒醒时分第三次认真地打量,依旧是看山是山,看水是水。

从山上到山下,醉翁已然成为了醒翁。

此时的山水已不同于初始的山水了。山水没有变,千百年之间依然巍然屹立,或蜿蜒流淌。变的是看山水的人,仰仗着那山那亭那壶酒,欧阳修由醉到醒,提升到了一个全新的境界。他爱这片风景,爱他的每一寸草木,每一块砖石;他也爱风景中的人,爱他们的善良、淳朴和热情。

此时的山间,只有欧阳修一个人,看着、听着、走着、醒着……他已经把自己完全地融入了风景之中,他想象自己就是琅琊山上的一块岩石,是酿泉里的一枚水花,是醉翁亭上的一幅匾额。

一个人的琅琊山,幽然宁静。欧阳修的心就居住在这里,由醒入醉,又由醉入醒,完成着他生存哲学的主题转换。

一个男人与一片风景之间,摆着一个酒壶。这个男人喝光了酒壶中的酒,然后走进那片风景。

觥掉了,杯盘冷了,山峦亭宇颠倒了,倦鸟衔花飞远了。

夕阳在山了,人影散乱了。

白发太守在哪里?

答曰:太守醉过又醒了……

李渔：愿君常有闲情，且能停停

　　李渔（1611—1680年），初名仙侣，后改名渔，字谪凡，号笠翁。浙江金华府兰溪县夏李村人，生于南直隶雉皋（今江苏省如皋市）。明末清初文学家、戏剧家、戏剧理论家、美学家。

　　自幼聪颖，素有才子之誉，世称"李十郎"，曾家设戏班，至各地演出，从而积累了丰富的戏曲创作、演出经验，提出了较为完善的戏剧理论体系，被后世誉为"中国戏剧理论始祖""世界喜剧大师""东方莎士比亚"，是休闲文化的倡导者、文化产业的先行者，被列入世界文化名人之一。

　　一生著述丰富，著有《笠翁十种曲》（含《风筝误》）《无声戏》（又名《连城璧》）《十二楼》《闲情偶寄》《笠翁一家言》等五百多万字；还批阅《三国志》，改定《金瓶梅》，倡编《芥子园画谱》等，是中国文化史上不可多得的一位艺术天才。

第一章
天地诗心，自有清香

骄阳似火的夏日，空气中飘浮着懒散的味道，而街市上繁华一派车水马龙。李渔刚从自己的戏园出来，溜达到街市上。天气闷热，再加上吵闹，李渔旋即踱进了同泰茶庄二楼，想挑个靠窗的位置慢慢饮茶听戏，享受这个悠闲的午后时光。

一段苏州评弹刚刚唱罢，李渔双眼迷离，沉浸在一片吴侬软语编织的温柔乡里不亦乐乎，他呷了口碧螺春，继续听着好戏。

此刻，换上来一个素颜女子，一袭白衣，怀抱琵琶坐定。一阵弦浪翻过，微启朱唇，自弹自唱。李渔闭了眼，沉浸其中。渐渐，此女的声音越发地哀怨，仿佛心中有莫大的愁苦一般，借助于琵琶的煽动，那声音已由哀怨转为哭诉，很快就泣不成声了。李渔立刻睁开眼睛，只见那女子的素颜上挂满了泪水，不断地用手帕掩面抽泣，曲子早已不成调了。

茶庄中的其他茶客都好奇地望着这突如其来的一幕。李渔站起身来，走到那女子跟前，仔细地端详她，在清丽白皙的脸上，两颊泛出淡淡的红晕，像白雪映着红霞，长长的睫毛下，一双饱含泪水的大眼睛，哭得像两只桃子，鬓边一颗圆圆的美人痣甚是惹眼……

李渔问道："敢问姑娘因何事哭得这般伤心？"

女子边擦眼泪边回答道："不瞒这位官人……我随家父从山东老家流浪到此地，靠卖唱为生。不幸前日家父辞世，无钱埋葬，家父生前还欠有二百两白银的外债……我只能到这茶楼里寻个好东家以卖身葬父……"说着说着，女子又哽咽了起来。

李渔继续问道："如果没记错的话，说书艺人柳敬亭柳老先生应与

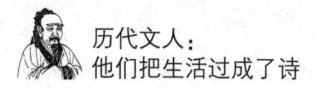

乃父同行?"

女子道:"是的……柳敬亭是家父的同门师兄。"

李渔听罢连忙说道:"哎呀呀!我对柳老先生是敬仰已久啊!既然是同门师兄弟,乃父的技艺也绝非俗辈。如今驾鹤仙逝的确是莫大的悲痛啊!"

女子听到此又开始抽泣起来,好不惹人怜爱。

李渔又道:"刚才聆听小姐的歌声真是字字清脆,声声婉转,抑扬顿挫,颇有韵味,如不精通金石韵律,不能如是。"

"官人过奖了,我的弹唱哪能入得先生之耳,不过是下里之音,聊以糊口而已……家父先前传授了一些歌琴之艺,对吟、揉、钩、挑、批、拂诸指法也下过一番苦功,而今为生活所迫,也没怎么操练了。"女子答道。

"敢问小姐芳名?"李渔问道。

"回官人,大家都称我小谢……"

李渔沉思了片刻,道:"小谢姑娘,如若信得过在下的,我愿意帮助你筹一笔银款用以安葬乃父,还清债务。"

小谢姑娘停止抽泣,睁大了眼睛望着李渔。

李渔接着又说:"当然,我也是有条件的。我的条件是邀请小谢姑娘加入我的戏班,你自己考虑一下吧。"

小谢擦掉了眼里的泪水,想了一下,默默地点了点头。

李渔用什么办法帮助小谢筹款呢?他的计划好像在做出帮助小谢的决定那一刹那就在头脑中构思好了。

他突发奇想,准备在自家的戏园子里开上一场拍卖会。所拍卖的物品并非什么古董宝贝,也并非名家书画,而恰恰是李渔房间里摆着的那些日常用品。李渔坚信,那些物品一定能够为他筹来款项,解决小谢姑娘的燃眉之急,也同时达到自己的目的。

第一章
天地诗心，自有清香

第二天，李渔帮助小谢把她父亲埋葬了。当晚，在李渔自己的戏园子里，"慈善义卖"的横幅挂得十分醒目，各路乡亲朋党聚集于此，来看李渔究竟要上演什么"好戏"。

李渔见大家早已来到，就先和大家说明此次义卖的全部收入将用于歌女小谢为其父举办葬礼和还清债务，而小谢自愿加入到李渔的戏园，也好谋一条生路。说罢，李渔就进入了正题，他预告即将向大家展示一件神秘的宝贝，如果官人们哪位有看重的可以报上来他们自己想要的价格，相互竞价，最终定给那位出最高价的买家。

他首先要展示的一件物品名为"凉凳"，用人这时搬出了一只中空的金属方盒，众人面面相觑地望着这个貌不惊人的东西。李渔于是开始变他的"魔术"：他在方盒里面灌上凉水，上面再盖上一片景德镇的瓷盘做凳面，这样，"凉凳"就做好了，像在这样的三伏天里人坐上去，别提有多凉快了。众人们交头接耳议论起来，都佩服李渔的想象力。

可李渔并没有就此罢休，继续地演示下去。他告诉大家，到了冬天，这家伙会摇身一变，由"凉凳"变成"暖椅"。与"凉凳"的结构相似，下面装上一只抽屉，抽屉里点上几块炭，这样温度就可以由里面传到上面，起到御寒的作用了。众人全部目瞪口呆，真想不到这个简单的椅子居然还可以一物两用。一些人按捺不住了，开始试探李渔可以变卖的价格。

此时的李渔根本不理会价格的事情。如果你认为这椅子只是椅子，那就太低估了李渔。这玩意既可假寐，又可就餐，这就变成了桌子；炭的边上点上香，就变成了香炉；如果衣服受潮，它又是熏笼；最有趣的是，加两条杠子和靠背，它就成了出门用的轿子。这真是一个令人叹为观止的百宝箱啊！李渔就这样把他的所有关于这椅子的构思全

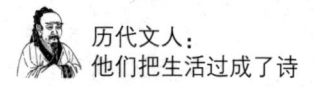

部讲了出来。

全场哗然……有钱人都在争相出价,谁都不肯示弱,都希望把这宝贝占为己有。就这样,这个简单的金属盒子卖了五十两银子。接下去,李渔情绪高涨,一口气向众人展示了可以赏花的、可以同时照亮两间屋子的灯、放在厨房里的可以吸取油烟的风车、不用力就能走的鞋,还有一幅花鸟画里的鸟居然可以动……李渔的一连串的发明创造把所有人都看呆了。

最后,李渔向大家展示了最重要的一件物品,是自己的一本刚刚写成的书,叫作《闲情偶寄》,是李渔最满意的一本书。李渔告诉众人,除了在这本书中可以读到自己成型的戏剧理论外,如果你想品花选美、妆饰打扮,可以翻一翻《闲情偶寄》;如果你想了解园林建筑、器玩古董方面的知识,也可以翻一翻《闲情偶寄》;如果你对饮食烹调、竹木花卉感兴趣的话,你同样可以翻一翻《闲情偶寄》;在《闲情偶寄》中,你还能找到医疗保健、养生驻颜方面的小秘诀。总而言之,《闲情偶寄》可以放在你卧室的床头,你可以在里面找到一切和生活有关的东西,是一部不折不扣的日常生活百科全书和幸福生活指南。

经李渔这么一宣传,众人争相解囊购买,而他的芥子园书铺早已预印了五百册了。

他毫不费劲地卖掉了所有展示的物品。目前他赚取的银子已经远超过二百两,李渔替小谢姑娘还清了债务,按照前面的契约,小谢加入了李渔的戏园,成为了李渔帐下众多女弟子中的佼佼者。李渔则既发了笔小财,又抱得美人归,还向世人传播了他的著作,真是一举三得!天下还有何人能像李渔一样把生活过得如此有滋有味的呢?

有了小谢的加盟,李渔的戏园更是名噪一时,同其他的戏园不同的是,李渔的戏园是个家庭戏园,戏子歌女全部是李渔的小妾,她们先前也都是出类拔萃的名伶,这确实是一个阵容空前的豪华时尚派对,而李渔呢?你看!他就像一个乐队的指挥一样,紧闭着双眼,挥舞着手臂,深深地陶醉在这一片轻歌曼舞之中。天下又有何人能像李渔一样把生活过得悠闲自在的呢?

郑板桥：这辈子，难得糊涂

郑燮（1693—1765年），字克柔，号板桥、板桥道人，江苏兴化大垛人，祖籍苏州，清朝官员、学者、书法家，画家。"扬州八怪"之一。其诗、书、画均旷世独立，世称"三绝"，擅画兰、竹、石、松、菊等植物，其中画竹五十余年，成就最为突出。著有《板桥全集》。

第一章
天地诗心,自有清香

> 聪明难,糊涂难,由聪明而转入糊涂更难。放一着,退一步,当下心安,非图后来福报也。
>
> ——郑板桥

人人都说潍县新来的县令郑燮是个糊涂官。

潍县的百姓早听说过这个郑燮,他自号板桥,大概是认为自己腰板儿硬的意思。世人都说他诗、书、画"三绝",尤其擅长画兰竹,听说他曾称竹有三种,"眼中之竹""胸中之竹""手中之竹"。明明是一棵竹子,怎么会有三种,这样的人,不是糊涂是什么?

不过他的画是挺好的,他画图只用墨,无论画兰竹石都是一笔勾成,构图简单,但布局却显得十分巧妙,虽只有一种黑色,却能通过浓淡的不同而衬出立体感。他画的青竹、幽兰、怪石风格都独树一帜,很受欢迎。可他的性格却很怪,二十岁中秀才,五十岁才来这里当上官,之前生活一直穷困,虽有一手好画,登门求画者不少,但他却只肯画兰竹石三种,他常言,兰四时不谢,竹百节长青,石万古不败,这些才与他的性格相合。大家爱看花卉美人等风月之物,可即使出到千金他也坚决不画,竹石这些东西看久了又过于单调无趣,喜欢的人不多,所以他生活一直很清贫,这么多年了,他的臭脾气也没见改。

潍县的百姓想,这么一个怪人来我们这里当官,我们真是倒大霉了!

果不其然,郑板桥刚来的第一天,到了县衙,屁股还没坐热,转了一圈后,就下令把县衙的墙壁打了许多的洞。大家很奇怪啊,跑去问他,

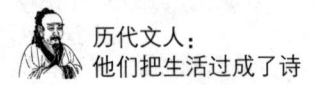

他说闻到这里满是前任县令留下的俗气,要打些洞来出出气才行,不然他可没法在这里住。好嘛,都说铁打的衙门流水的官,他可倒好,刚来就把铁打的县衙给捅了这么些个窟窿,还说这是要模仿阮籍的作法。完了,难道我们的大老爷是像阮籍一样的疯子?

这才是第一天,以后的糊涂事多着呢。他来了之后,没事就穿着布衣草鞋往外面跑,也不知去干吗!县吏找他办事,上级下来视察,经常找不到他,派人出去找,他穿得跟老百姓一样,根本没法找啊!有时候按例出巡,他也不打"回避"和"肃静"牌子,不许鸣锣开道,弄得百姓经常冲撞了他,他虽不说什么,大家还是胆战心惊的。胥吏也有意见,这位老爷哪有点当官的威严啊,他都这样,我们在百姓面前还怎么摆官家的气势啊,以后要办事,百姓不怕你,还怎么推行?士绅看了也只摇头,全无上下尊卑,有悖纲常伦理,这样下去全乱套了,亏他还是个读书人呢,真是个糊涂官!

尤其让大家难以忍受的是郑板桥断案居然也这么糊涂,潍县有次发生个官司,一个年轻的和尚居然和尼姑相爱了,这还得了?愤怒的人们把他俩抓去见官,因为他们触犯了清规戒律,要求郑板桥严办。这位糊涂官,听他俩说完个中原委,又问过两寺长老后,当庭宣判他们"还俗"结婚,无罪释放。人们不答应了,做出如此伤风败俗之事,怎么能纵容呢,还居然放他们还俗,岂不是姑息养奸?大家缠于郑板桥,要求给个解释,他可好,说你们不是因为他们是出家人犯了戒律才抓来告官的吗?我判他们还俗,就不再是出家人了,也就不存在犯清规了。他还当庭写了一首诗送给这对和尚尼姑,说什么"是谁勾却风流案?记得当堂郑板桥。"

糊涂官啊,这俩人分明是犯清规在先,他们即使还俗也是以后的事了,难道之前犯的错能一笔勾销?大家都在议论纷纷,这糊涂官的"美名",不仅县里,全山东几乎都知道了。

第一章
天地诗心，自有清香

郑板桥听说大家都在骂他是糊涂官，他也不恼，干脆挥毫写下一幅"难得糊涂"的字幅，下面还有他题的一行款跋："聪明难，糊涂难，由聪明而转入糊涂更难。放一着，退一步，当下心安，非图后来福报也"。将其挂在书房里，每日对着它自得其乐，照样过他的糊涂生活，优哉游哉。

百姓知道他不仅不怕骂，反而怡然自得，没有办法，只好自认倒霉。

可是有一年，山东大旱，颗粒无收，饥荒横行。潍县也遭了灾，郑板桥救灾可真不含糊，他下令打开官仓赈贷，令百姓凭券到官府借粮，秩序井然；并且大兴工役，修筑水渠，既引水灌田，又以工代赈，招附近的饥民赴工就食；他带头捐出自己的俸禄，号召士绅有钱出钱有力出力，责令富户开厂煮粥以供周围的饥民糊口；他查封囤积居奇的不法商人，尽封积粟之家，降低了米价，收集了大量粮食赈灾。靠着这些政策，潍县活下了万余人。

灾荒过去，到了秋天收成的时候，百姓归还不起借的粮食，郑板桥把他们叫来，当面将借条尽皆烧毁，让他们放心回家去。胥吏劝他，当年灾荒时他未经上级批准就擅自开仓放粮，已经触犯了刑律，现在还要把借条都全部烧毁，恐怕会罪加一等。郑板桥说当时情况那么紧急，晚一天都要饿死那么多人，他哪里等得了批复啊。反正大灾过后，老百姓也还不起，你要逼着他们还，不是天灾刚过去又来人祸吗？还说现在烧毁借条是在仿冯驩旧事……又来了，益发听不懂！

郑板桥做事、说话，还是那么地疯癫，可是这一次，无论百姓、胥吏、士绅，都没有一个人再说他糊涂。

果然，郑板桥因为申请救济未等批复便擅自开仓，事后又毁坏借条，触怒了上司，结果被罢了官。

郑板桥临走时，雇了两头毛驴，一头自己骑，一头驮行李，上面几乎全是书画。他做了十年县令，所有的家产就这么多。他走到村口，发

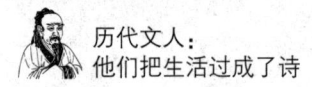
历代文人：
他们把生活过成了诗

现很多百姓都聚在这儿相送，当年那对和尚尼姑夫妻，如今也领着孩子，站在人群中，很恩爱的样子，人们突然觉得，郑板桥不仅现在，以前做的事也不是那么糊涂。

郑板桥当然没有收老乡们的东西，他骑着毛驴，唱着歌悠闲地远去了。

人们说，潍县这么多年，难得才等来这么一个不糊涂的官。

糊涂有两种：一曰真糊涂，不分善恶，懵懂处世；一曰装糊涂，明知黑白是非，却装看不见。郑板桥一辈子都希望自己糊涂，可他发现，小事上他能够做到，可一到大事上，他无论如何都不能做有违良知道德的事，对百姓的疾苦置若罔闻，装糊涂，他做不到。

苏轼曾有诗云："人皆养子望聪明，我被聪明误一生。"郑板桥时而糊涂，时而不糊涂。

潍县辞官之后，郑板桥索性不再蹚官场这趟浑水。回乡后，他以画画为生，在竹与兰的清香中度过了他贫寒而有气节的一生。

难得糊涂吧。

第二章　一世疯狂，够怪才痛快

疯子疯一时，传奇疯一世。真正的强者，不是没有眼泪的人，而是含着眼泪依然奔跑的人。一世能狂便少年，杯且从容，歌且从容。

姜尚：直钩钓鱼，渔翁之意不在鱼

　　姜尚，商末周初人。姜姓，吕氏，名尚，一名望，字子牙，或单呼牙，别号飞熊，因其先祖辅佐大禹平水土有功被封于吕，故以吕为氏，也称吕尚。

第二章
一世疯狂，够怪才痛快

天朗气清，夏秋交替之际，渭水畔，一位老者头戴斗笠，眯着眼在垂钓。奇怪的是，他的钓钩是直的，上面不挂鱼饵，也不沉到水里，并且离水面三尺高。他一边高高举起钓竿，一边自言自语道："鱼儿鱼儿，你们倘若愿意，就自己上钩吧！"

几个孩子嘻嘻哈哈地在一边看着，等了半天也不见鱼儿上钩，嘲笑了一番就各自回家去了。

此时正好西伯周文王出猎，听闻有老者直钩垂钓，心生疑团，前来看视，果然见到此种情景，便下马与渔翁攀谈。

相互问好后，老者便滔滔不绝讲起来，周文王这才发现他并非山野渔夫，而是胸藏韬略，见识过人，不由得大喜，此行出猎之前，他就曾占卜。所获非龙非螭非虎非罴，所获为霸王之辅，预示着将得到一位辅佐他成就大业的高人。眼下此人不正有霸王之辅的气魄吗？西伯恭敬地称他为"太公望"（姜太公），迎入朝中。

渔夫收杆微笑，如愿以偿，几十年来还有什么事比得这个更重要？

姜太公名姜尚，他的始祖四岳伯夷佐大禹治水有功而被封于吕地，因此得吕氏。姜尚出世时，家境已经败落了，他年轻的时候曾经在朝歌当过宰牛卖肉的屠夫，也开过酒店卖过酒。此时的商纣王东征夷方胜利归来后，开始骄横自大，诛忠臣，屠贤良。姜子牙见纣王无道，心知不可与其共事，于是隐居渭水，选择了静观其变。在渭水河畔一等就是许多年，三年，还是十年？幸运的是，他终于等到了自己大展宏图的时机。

民间对姜太公的评价一直以来都很高，还流传着许多传说，其一说

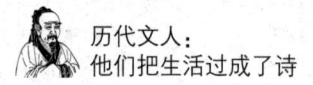
历代文人：
他们把生活过成了诗

的是最初姜尚直钩垂钓三天三夜而鱼不食，有一高人让他用更细的线，挂上香饵，慢慢地投到水中。他如是照搬，初得鲋，次得鲤，剖开鱼腹，内有奇书，封面写着"吕望封于齐"。传说归传说，他在渭水垂钓时，真的有把握能钓到这条大鱼吗？是孤注一掷还是以退为进？像是一种行为艺术。

姜尚心中有兼济天下的抱负，故不能遗世而独立。他将天下收入眼中，心中包藏智慧韬略，只是他需要择良木而栖，所以选择了西伯，但他同时也懂得"奇货可居"的道理，"渔翁之意不在鱼"，因此才有了使得周文王亲自听闻而来、君臣相逢于渭水的快意场面。

夏朝的亡国之君夏桀筑倾宫、饰瑶台，广掠美女、宠幸妹喜，搞得民不聊生，这不正是今日的商纣吗？商纣凿池储酒，悬肉如林，整日与宠妃妲己寻欢作乐，较之更甚。一次，纣王将九侯和鄂侯杀害后，做成肉饼，命人送到西伯家中，西伯见自己的挚友、同朝的贤臣遭此劫难，不禁泣涕而下。众诸侯中，有一个叫作崇侯虎的借机向纣王进谗，说西伯不恭，笼络人心想要造反，于是纣王宣西伯进京，将他囚禁在了羑里（今河南汤阴县一带）。西伯的长子伯邑考希望能以自己为人质救出父亲，谁知被纣王杀害，做成肉饼送到西伯面前。后来西伯的几位大臣想尽办法才将他救出。西伯回到封地后励精图治，笼络诸侯国，潜心准备灭商的工作。同时他也在广罗天下英才，而姜尚，正是他朝思暮想的文能治国、武能安邦的圣人。他提出阴谋修德以倾商政的治国理念，认为天下并不是一个人的天下，而是天下的百姓所共有的，只有那些能够为天下百姓谋利益的人才能够得到天下，也就是所谓的得民心者得天下。在这一思想的指导下，国家迅速发展壮大，在各诸侯国中树立了牢固的威信。特别是在调停了虞、芮两个小国之间的争端之后，河东小国更是纷纷来附，认为文王是"受命之君"。

当然,姜尚最显著的功绩是在用兵上,他长于兵事,善用奇兵。他帮助文王挥戈向朝歌,可惜的是文王尚未出师身先亡,伐纣的担子落到了武王的肩上。武王继续任用姜尚为军师,在与商朝的战争中无往不利。在牧野之战中,纣王的军队顷刻崩溃。

姜尚出山,才有了中国的历史在夏、商之后步入了周朝,成就千载的"礼仪之邦"也随之拉开了序幕。

东方朔：怪才求职有术

> 东方朔（前154—前93年），西汉平原郡厌次县（今山东省德州市陵县）人。西汉时期著名的文学家。有《答客难》、《非有先生论》的名篇。

第二章
一世疯狂，够怪才痛快

"草民东方朔，爹妈早逝，由哥嫂养大。十二岁读书，三个冬天读的文史已经够用。十五学击剑，十六学《诗》《书》，读了二十二万字。十九岁学兵法，也读了二十二万字。如今我已二十二岁，身高九尺三（两米多）。眼睛亮得像珍珠，牙齿像贝壳一样整齐洁白，兼有孟贲（古代卫国勇士）之勇，庆忌（先秦以敏捷著称的人）之敏捷，鲍叔（齐国大夫，与管仲分财，自取其少者）之廉洁，尾生（先秦人名，与女友约于桥下，友人不至，河水上涨，尾生坚守不离，被淹死）之诚信。我是文武兼备，才貌双全，够得上做天子的大臣吧！"

够另类？够狂吧？这番"大言不惭"的"自白书"，就是东方朔递交给汉武帝的"求职信"。

东方朔就是凭着他的这封陈情书，令汉武帝对他的第一印象极佳。汉武帝素来爱才，很喜欢有个性的新鲜人，因此他要求各地广泛推举能人，定下"不设门槛选人"的规矩。在当时，董仲舒就是这样被"海选"上来的，而东方朔也搭上了顺风车。

董仲舒满腹经纶，才华横溢，思维缜密，治国有道，搭配上儒学经典，把汉武帝说得直道相见恨晚。眼前这个东方朔把自己"吹"得天上地下独一无二似的，汉武帝眼睛"腾"亮了起来，一个人敢这么"吹捧"自己，的确是个"奇才"。"奇才"又怎能叫人不爱呢，一声令下，东方朔晋见武帝。

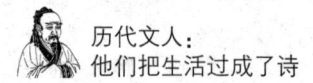
历代文人：
他们把生活过成了诗

东方朔自此也就进入仕途，与汉武帝相处，东方朔也始终持续着自己另类的风格，汉武帝把他叫来身边说话，总是被他的博学多才、奇思妙语逗得捧腹狂笑，每当遇到治国的难题，需要找人谈谈、排解抑郁，东方朔常常是接受吐苦水的最佳人选，东方朔春风得意，走路也有些飘飘然。

不过，对于武帝给他的闲职。东方朔依然很是不满，自己有苏秦、张仪之能，却不受到重用，这令他很不爽。可是他的官职低微，除非皇上召见，平时他是见不着皇帝的。东方朔脑袋一动，便想了一个办法，从"弼马温"入手吧。

他找来为皇帝喂马的侏儒，声色俱厉地对他们说："皇上说你们耕田没有力气，当官不能治理百姓，打仗又不勇敢，一点用处也没有，还消耗国家的粮食，准备把你们通通处斩。"

侏儒们就吓得号啕大哭，求他出手相救。东方朔便说："等到皇上路过这里，你们就跪下来求饶，或许会有点作用。"

不久，汉武帝经过，侏儒们顿时跪倒一大片，哭哭啼啼，齐声高呼"皇上饶命"。汉武帝莫名其妙，侏儒们便说了东方朔所说的事。汉武帝一听，便质问东方朔为何要吓这些侏儒。

东方朔理直气壮地说："那些侏儒们不过三尺，俸禄却是一袋米和二百四十钱。我身高九尺三，俸禄也是一袋米和二百四十钱。他们吃得肚皮撑破，我却饿得发慌。如果陛下觉得我的口才还有用，就先让我吃饱。如果觉得我没用，请立即罢免我吧，也好为长安节约点米。"

汉武帝一听，乐得不能自抑，立即让东方朔到金马门待诏。

从自荐到升职，东方朔凭借幽默诙谐，诡诈多变，赢得武帝的欢心。即使东方朔干了令武帝恼怒的事情，武帝一见他除了笑，也不会惩罚。

武帝先崇儒术，后又倾慕起道教来，相信长生不老之术。一次，有

第二章
一世疯狂，够怪才痛快

人向武帝提到，君山上有美酒，如能喝到，可以长生不死，得道成仙。武帝闻得此事就斋居七天，派了栾巴带童男童女数十人到山上求美酒，果然得到了仙酒。哪知道武帝未喝之前，东方朔就偷偷地喝光了。武帝不禁大怒，下令推东方朔出去斩首。东方朔就说："假如这美酒灵验，就算您杀了我，我也死不了；要是酒不灵验，那么这酒就什么用处也没有，你也就无须生气了！"武帝一想，他这样说的确没错，大笑着把他放了。

东方朔靠着自己诡辩的嘴巴竟然把武帝"玩弄于股掌之间"，厉害十足，但他一直都没有改变后者视其为俳优（古代说相声的人）的想法。但东方朔生平最鄙视的便是俳优，认为那些人皆是阿谀奉承之辈，只知道歌颂，却没有真正的能耐。他对于自己没有官升高位，无法发表治国言论，不能做一个政治纵横家感到很郁闷，于是他写了《答客难》。这文中情辞并茂，内容丰富，纵横历史，言前人豪杰的富贵贫贱，荣辱浮沉，实则以一种自嘲的的口吻道出自己时运不济，怀才不遇，命运多舛的苦闷心境。

可是，由于东方朔长了一张爱说的嘴，让他所有的才华都被油嘴滑舌给掩盖了。直到东方朔临终时，他规劝武帝："《诗经》上说，'飞来飞去的苍蝇，落在篱笆上面。慈祥善良的君子，不要听信谗言。''谗言没有止境，四方邻国不得安宁。'希望陛下远离巧言谄媚的人，斥退他们的谗言。"武帝这才看清东方朔的能耐："如今回过头来看东方朔，仅仅是善于言谈吗？"

看这东方朔的一生，他的聪敏才情，让人不得不服，但他太博学而不深究，因此无法对任何学术有所超脱，只是将博杂的学问当作哗众取宠谋求政治仕途的资本，从而实现他"学而优则仕的"读书理念，这就是他为什么不如董仲舒，不能被汉武帝重视的原因。

而作为一个似隐又不隐的文人，他在出世与入朝之间摇摆不定，既

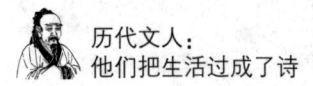

放不下书生的架子,又不想抛弃仕途的理想,这就让他不能专心于任何一面,成不了真正的文学家或是政治家。不过,他毕竟为后世文人在朝与隐之间找到了第三条路。一方面游戏于官场,放荡不羁,积极地为他的政治理想而奋斗着,虽然终未能受到重用,但多次以一个臣子的耿耿忠心劝谏武帝;又一直保持着一个文人知识分子所应有的自由精神和独立人格,甚至不怕被人称为异类,他无疑是一个"绝世奇才"。

苏武：北海牧羊十九载，纵死也畅快

苏武（前140—前60年），字子卿，汉族，杜陵（今陕西西安）人，代郡太守苏建之子。西汉大臣，武帝时为郎。天汉元年（前100年）奉命以中郎将持节出使匈奴，被扣留。匈奴贵族多次威胁利诱，欲使其投降；后将他迁到北海（今贝加尔湖）边牧羊，扬言要公羊生子方可释放他回国。苏武历尽艰辛，留居匈奴十九年持节不屈。至始元六年（前81年），方获释回汉。苏武去世后，汉宣帝将其列为麒麟阁十一功臣之一，彰显其节操。

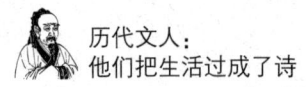

历代文人：
他们把生活过成了诗

  苏武在匈奴，十年持汉节。
  白雁上林飞，空传一书札。
  牧羊边地苦，落日归心绝。
  渴饮月窟冰，饥餐天上雪。
  东还沙塞远，北怆河梁别。
  泣把李陵衣，相看泪成血。

——李白《苏武》

  北海，距长安十万八千里处，汉元凤三年（公元前78年）的冬天。

  周围全是枯黄的野草，除了自己和身边的几只瘦弱的公绵羊，方圆几公里内看不到任何的活物，就连平日内经常出没的老鼠，也不见踪影。苏武狠狠地叹了一口气，朝着这几只可怜的绵羊挥了一下鞭子，"啪"的鞭响声，被凛冽的寒风刮得很远很远，大概传得到长安吧。

  苏武抬头向南望了望，天阴沉着，天边一片模糊。苏武知道，要下雪了，塞外的冬天可比长安冷得多。看着身边可怜的几头绵羊，苏武忍不住要苦笑起来，面部的肌肉被冻僵，笑也成了一件很辛苦的事情："公羊啊公羊，你们什么时候能够下个崽儿啊，让我快快地回到长安。"

  除了羊之外，唯一和他做伴的就是那根象征汉廷的旄节，凛冽的寒风刮过这里的每一个角落，吹弯百草的腰，吹折树木的枝头，也唯有他手持旄节坚强地活着，挺着，誓死而不屈服。一直归程无计，他心中的诺言是否也一直火热呢？

第二章
一世疯狂，够怪才痛快

当年匈奴被卫青、霍去病打败以后，与汉庭好几年都没有打仗，但匈奴实际上还是随时想进犯中原。汉朝去往匈奴的使者，有时候还是会被扣留下来。汉天汉元年（公元前100年），汉武帝想出兵攻打匈奴，结果匈奴把扣留的使者全送了回来，跟汉朝求和。汉武帝为了表示友好，派遣苏武率领一百多人，带着副手张胜和随员常惠，带了许多财物，出使匈奴。不料，就在苏武完成了出使任务，准备返回自己的国家时，发生了汉人虞常与张胜杀匈奴官员并劫持单于的母亲之事，也使苏武受到了牵连，被扣留下来，并被要求背叛汉朝，臣服单于。苏武就想自杀以保全名节，结果未遂。

单于开始屡次逼苏武投降的计划，各种方式用尽，苏武还是不屈。单于于是就把他送到北海边去放羊，说要是公羊下崽了就放他回南，决定长期以这种方式监禁他，直到他屈服为止。苏武在北海"渴饮月窟冰，饥餐天上雪"，也没有丝毫动摇，时间长了，旌节上的穗子全掉了，自己的须发也全白了。

单于一直不死心，千方百计想招降苏武，于是便派当年投向匈奴的李陵去北海游说。苏武没有说太多的话，他只是说："没有什么好说的，我是汉朝使节，当不辱使命，为汉朝人牺牲，没有什么。我即使是饿死，冻死也不受降。"李陵与苏武谈了几天都没有结果。苏武一直坚持自己的意见，就是不投降。李陵见苏武对朝廷如此真诚，慨然长叹，自愧不如。挥泪湿衣，告别苏武。

直到武帝驾崩，登位的汉昭帝与匈奴达成和议。汉朝使者又到匈奴，在使臣的运作和施加压力下，单于终于放苏武归汉，去时一行几百人，回来的只有九个。长安街头，汉家的人民载道相迎。悠悠十九载，已是两鬓斑白的苏武，终于有了回国的机会。

回到祖国的那一刻，他依旧手拄那件跟随自己十九年，却又是色已

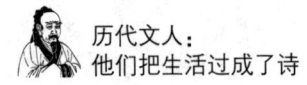

褪尽的旌节，高昂头颅，激动得流下幸福泪水。昭帝感他气节，视苏武为英雄，遂任命其为典属国，俸禄中二千石；赐钱二百万，官田二顷，住宅一处。

慷慨就义易，忍辱负重难。苏武没有司马相如文章写得华美，也没有李广驰骋沙场的英勇，但他却默默地信守对祖国的诺言。

他的精神不逊于汉朝任何一位英雄。

阮籍：以酒作狂，"酒狂"当官别开生面

阮籍（210—263年），三国时期魏国诗人，字嗣宗，陈留（今属河南）尉氏人，竹林七贤之一。曾任步兵校尉，世称阮步兵，崇奉老庄之学，政治上则采取谨慎避祸的态度。阮籍是"正始之音"的代表，著有《咏怀八十二首》《大人先生传》等，其著作收录在《阮籍集》中。

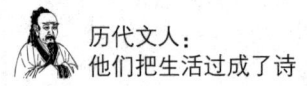

历代文人：
他们把生活过成了诗

> 天地解兮六合开。星辰陨兮日月颓。我腾而上将何怀。
>
> （阮籍《大人先生歌》）

我叫阮籍。

喜欢喝酒和旅行。

准确地说，我喜欢驾着驴车载着酒去旅行。

再准确点说，是驴车载着我，我的胃载着酒去旅行。

然而很不幸，我的驴车总是会停下来，因为已经没有路了。

我很沮丧，于是就哭。

我知道我是男人，那我不管，我就是要哭。

于是我便号啕，别问我为什么哭，我也不知道，真的不知道。

天是蓝的，水是绿的，其实所有的一切都非常地美好。

我的心情也未见得有多坏，或者说实际很好。

眼泪并不是哭的内涵。

哭就是哭。

当你在自由的路上饮酒的时候，并不是你在刻意地驾驭人生，而是在享受人生。

为什么非要我们来驾驭什么呢？我曾驾着驴车到过楚汉相争的地方，想象数百年前那烽烟四起，豪杰争霸的壮阔，不禁怆然"时无英雄，使竖子成名！"

命运的确是个神奇的东西。

第二章
一世疯狂，够怪才痛快

突然想起来那次去苏门山拜会那位真人的事情了。我对着真人谈天说地，激扬文字，可真人却似听而不闻，一声不响，连眼珠子都不动一下。

我真是无奈了，就干脆对着真人吹起了口哨。要知道，我的口哨还是很有名气的，可以传几百步远呢。

这下真人开了尊口："请再来一次。"

我再次长啸，然后就下山了。

到了半山腰，山谷中忽然回荡起优美的啸声，抬头望去，原来是真人在长啸不已，幽妙和谐。

那一刻，我心有所悟。

也许，沉默与口哨比言语更美、更深刻呢。

我真的是一个异类。

我不是那种纨绔子弟，除了吃喝什么都不会干。老实说，我还是挺有政治才干的。有一次我就是漫不经心地对那个司马昭说了一句："我曾经到山东的东平游玩过，很喜欢那儿的风土人情。"他一听，就让我到东平去做官了。

我是骑着驴去上任的。我还清楚地记得当时前来迎接的官员看到我骑在毛驴上的尊容时，几乎都笑出来了。

我当然满不在乎地一夹腿蹦了下来，这就是阮某人的风格。

到东平之后，我用四分之一天的时间视察了我的总部，也就是东平县官衙的整体结构和各科室的办公情况，心里很是不爽——这个破衙门重重叠叠，不知隔了多少层墙壁，鬼才知道墙的那边藏了多少见不得人的事情。

拆，我一声令下。

效果可谓是立竿见影：原来关在各自屋子里单独办公的官员们太不自在了，因为没有了墙的遮蔽和掩护，他们一下子置于互相可以监视的

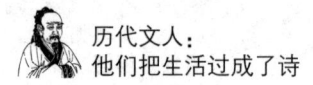

空间中。光线是充足了,可是秘密就少了。

以前有墙,可以嗑嗑瓜子,拉拉家常。现在可不行了,在这敞亮环境之中,办公内容和办公效率必须成为各级干部的主题。据说在我之后一千多年,有一门专门研究管理的学科——行政管理学,把我拆墙的行为大加分析,大致的意思就是说是抓住了管理的"牛鼻子",实现了一种高透明度的集体气氛。但其实我只是骑在驴背上稍稍一想而已。其实生活中的事情不需要想得那么复杂,从简单出发往往是最有效的方法,也是最切合实际的方法。

大概过了十多天吧,我觉得东平的事已经做得差不多,没什么意思了。于是我把官袍和官帽扔在床上,也没跟我那些属下打招呼,骑上我那心爱的小驴子,回到洛阳来了。人们都说,我这一生正儿八经地上班,也就是这十余天。

听说后来有个叫李白的小伙子,也是狂放得可以。他特别欣赏我的派头,对我做官的这种潇洒劲头钦佩万分,曾特意为我赋诗道:

阮籍为太守,乘驴上东平。判竹十余日,一朝化风清。

不好意思,过奖了,过奖了。

我不过就是花十余天时间,留下一个官衙敞达、政通人和的东平在身后而已。可能李白比较羡慕我只是玩了一下而已,却玩得如此漂亮吧。

什么?你说别让我这么特立独行,关注一下别人的感受。

我还跟你说明了,别跟我谈人家怎么看我,我要是在乎这个,我还是阮籍吗?

别说一般人了,就是当今大将军司马昭先生,阮某人不想见他就照样不见。我知道自己不是诸葛亮,司马昭也不是刘备。我知道如果惹火了他也没有好果子吃。但我就是不买他的账。

我有一个女儿,国色天香,倾国倾城。司马昭那个家伙总是想将我

第二章
一世疯狂，够怪才痛快

女儿纳为儿媳，几次托媒人登门求婚。烦都烦死了！懒得理他，于是我天天喝酒，而且要喝醉。等提亲的人来，已见我烂醉如泥，不省人事了。这样一连六十多天，我都处在宿酒未醒的状态之中。司马昭奈何不得，联姻之事，只得作罢。

小样，我不信你耗得过我！

人家都说我是流氓，据说还有一句名言叫"流氓会武术，谁也挡不住"，但我不得不说，即使我是流氓，也只是一个不会武术的流氓，一个只会喝酒但不会伤人的流氓。

提到酒，那可真是我的最爱。这杯中之物实在是神奇得很。看着它清澈透明，饮后才发觉内里乾坤玄妙，妙不可言啊！

就是有了这个东西作媒介，我才认识了一帮好朋友，嵇康、刘伶……都是善饮之人，我们把酒言欢，真人生啊。

有这样的朋友陪着我，人生才不孤单！

我还特意为我们的酒局谱了一首曲子叫《酒狂》，要想和这首曲子起舞，就必须在喝完酒之后才行：只有在那种醉意朦胧，脚步不稳的时候才最能体会这首曲子的韵味。

什么，你说这种曲子不太雅啊？要什么雅，那是那些让人心烦的礼教给人设下的条条框框，我才不会理会。

有一年，听说缺一名步兵校尉，又听说步兵营里多美酒，营人善酿佳酒，于是我请求去那里当校尉。当了校尉后，就整天泡在酒中，纵情豪饮，一点也不问世事。事情传出之后，大家送了我一个外号叫"阮步兵"，我甚是喜欢。

我一向鄙夷那套封建礼教，我好喝酒嘛，其实我特别爱去街对面那个王氏酒家去喝酒。那个老板娘长得真是好看得很，看着她喝酒想不醉都难。我当然会醉，醉了便睡，睡在卖酒的老板娘身旁。大家知道我的

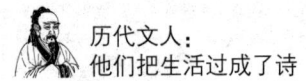

为人,所以他的丈夫也不会认为我有什么不轨的意图。

还有一次,我的二嫂要回娘家,我特意买了好酒好菜为嫂子饯行。吃饱喝足之后亲自送她上路。一些道学家对此指指点点,说什么"按照礼数,男女有别,阮籍大逆不道。"一帮俗人!孔孟礼教的真谛,你们懂吗?

有一天,听说隔壁有一未嫁之女因病夭折,我也不顾世人议论,跑到灵前大哭一场,尽哀而还。

我说过,哭就是哭。

我叫阮籍。

贺知章：酒桌遇诗仙，金龟也换酒

贺知章（约659—约744年），字季真，晚年自号四明狂客，唐代著名诗人、书法家，越州永兴（今浙江萧山）人，属于盛唐前期诗人，又是著名书法家。与张若虚、张旭、包融并称"吴中四士"。贺知章诗文以绝句见长，除祭神乐章、应制诗外，其写景、抒怀之作风格独特，清新潇洒，著名的《咏柳》《回乡偶书》两首脍炙人口，千古传诵，作品大多散佚，今尚存录入《全唐诗》共19首。

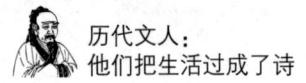
历代文人：
他们把生活过成了诗

唐朝长安人才多。

人们说在长安街上随便抓一下，就能抓出一把诗人来，有好几个还是比较有名气的，所以当李白奉诏来到长安，皇帝也忘记了召见他，他暂时也只能郁郁寡欢，饮酒作诗：

……天生我材必有用，千金散尽还复来。烹羊宰牛且为乐，会须一饮三百杯。岑夫子，丹丘生，将进酒，杯莫停。与君歌一曲，请君为我倾耳听……

名重京都的贺知章以前就耳闻李白少年任侠，风流倜傥，写诗很有才，如今听到他的这首《将进酒》，便决定去访查一番。

这天早早罢朝，贺知章手执金龟，朝李白下榻的客舍走去。路遇熟人，人问："侍郎何往？"

"近闻才子李白进京，欲往一见。"贺知章手指前方，意气风发，跃然脸上。

二人相见，拱手问好，李白更是喜悦万分，贺知章领他来到长安街上一处豪华的酒楼，饮酒论诗。二人径上酒楼，分宾主落座，呼唤酒保到了跟前。这其间，贺知章一直默默观察李白，发现李白的确卓然不群，丰神飘逸，已让自己心中先有三分赏识。

酒菜摆上之后，李白手执大觥，先敬了贺知章三大杯。

贺知章素来善饮，但如今一口气喝下这三大杯，竟觉有点禁受不住，

第二章
一世疯狂，够怪才痛快

但观李白连饮三大杯，却似没事一般，只是连声高呼："好酒！好酒！"

贺知章见李白如此豪饮如此奔放，心想此人以后即使做不成同僚、诗友，做个酒友也是不错，心下便有了五分喜欢。再加上眼前李白的潇洒性情，无拘无束，似老朋友一般。贺知章的名声辈分在京师冠以华夏，一般来拜谒求荐的无名小辈，见了他都恭恭敬敬，唯唯诺诺，而李白此次却似与他老朋友聚会，神情自若，贺知章心下喜欢，更增二分。

于是他心中就琢磨，这李白形神脾性，倒都不俗，只是尚不知他的诗究竟写得怎么样。听说诗写得不错，只是自己还未亲见。

唐朝是我国诗史上最为黄金的时期，取士即以诗论，诗写得好，那是朝野都敬重的，要得个一官半职，也就易如反掌，考考他吧。

又几杯酒下肚，贺知章开言相询道："老朽听说居士之诗，极有才华，不知可否展示一二？"

"哪里哪里！贺大人过奖了。李白写诗，只是率性而道，全无章法，难入大人法眼。诗没带在身边，不过我可以写出几首，请大人指教。"

李白唤店小哥取来文房四宝，然后自己下笔如飞，只一会就将前次出川远游时所写的《蜀道难》一诗书毕，恭敬呈于贺知章。

"噫吁嚱，危乎高哉，蜀道之难难于上青天！"看了这第一句，贺知章就不禁拍案叫绝，叹赏间，端起杯中酒一饮而尽。之后，诗中妙语连出，贺知章不由赞道："句句都想落天外，匪夷所思，凡人不能道也！竟令我难以置评！"

贺知章十分兴奋，一边赞一边喝酒，不知不觉自己竟又饮两杯，李白此诗，对大唐壮美山川的交口赞美的背后，更是对当时藩镇势力日强割据称雄，与朝廷分庭抗礼的深切忧虑，不惟文才出众，更兼忧时傲世，识见过人，此时已十分佩服，边看边赞。

"大人，酒要醉了！"李白担心地劝道。

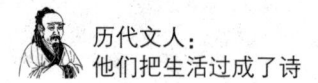
历代文人：
他们把生活过成了诗

"不会醉，不会醉！居士此诗，状蜀道之险出神入化，句句都能把人惊出一身冷汗来，句句可作下酒之菜，句句可作醒酒之汤，哪里会喝醉呢？"说着，贺知章见桌上之酒已尽，高声叫道："小二，取酒来！"

店小二闻声跑来，小心翼翼地回道："大人，酒资已尽了。"

"哈哈！我在这诗中沉醉竟真的忘了酒资了"说着，贺知章去摸身上，却发觉已经没有了银两，"酒兴正浓，怎可无酒？"他一眼看到身上所佩金龟，连忙解下来，"小二，且拿这个换酒来！"

"大人，不可！这可是你上朝必佩之物，不能够换成了酒？"李白连忙劝阻。

"酒逢开心千杯少。别管金龟，来，你我且开怀畅饮。居士此诗，亏你想得出来，非凡人所能道，直教人疑是下凡间之仙人也！"贺知章又高高地举起酒觥，"来！来！你我一醉方休，莫负今日之会。"

正说间，忽然，楼梯口出现一个人，"贺大人，酒友们到处找你不着，原来躲到这里快活来了。"说话者正是草圣张旭，贺知章把李白介绍给张旭，又递过《蜀道难》一诗。张旭读了，也不住地击节叹赏，对李白顿时刮目相看。这以后，李白李谪仙之名就在京城叫响了，贺知章金龟换酒，识拔才俊的佳话，也越传越广了。

后来杜甫的《饮中八仙歌》中描写当时京城长安著名的八位诗人的嗜酒狂态，开首写的第一人就是金龟换酒识李白的贺知章。诗只两句：
知章骑马似乘船，眼花落井水底眠。

八仙之中，除了贺知章、李白、张旭之外，还有皇子李琎、左相李适之、侍御史崔宗之、侍郎苏晋。说的是有一天，这八人朝后无事，便一起去喝酒。贺知章这次心情很好，酒量也大增，一碗接一碗喝个不停；其他七人还要轮流向他敬酒，这一来，贺知章喝得更多。回家途中，贺知章骑在马上，摇摇晃晃，连过路的行人都担心他会掉下来。后来，他的马因东西碰着

第二章
一世疯狂，够怪才痛快

了屁股，开始一溜小跑。突然，一个棉球从马前滚过，后面一个小孩紧紧追着，从横里冲出来，眼看就要被马踏着。

"啊！"醉意朦胧的贺知章被此一惊，酒也吓醒了一半。他奋力一提马缰，那马就突然直立起来，生生勒住双足，没有踏着小孩却把贺知章掀了下来。旁边正是一口水井，贺知章"扑通"一声摔入井中。众人大惊，纷纷跑过来，要救贺知章。街坊众人忙拿来长绳、挠钩等打捞工具，放下井去叫贺知章握住，谁想井下却毫无声息，一个小伙子忙系上绳子下井去。

幸好这口井是一口旱井，底下只有浅浅的一汪清水。贺知章已经摔昏过去，躺在井底，如婴儿一般熟睡呢。待人们将他救醒，得知孩子无事，他才放心。这便有了杜甫的《饮中八仙歌》。同是八仙的李白是被贺知章金龟换酒提拔出来的。若没有贺知章的慧眼提携，可能诗仙李白，也将如大多文人一样，被历史的尘埃掩去光华。

李白：高力士脱靴，玄宗亲调羹

　　李白（701—762年），字太白，号青莲居士，又号"谪仙人"，是唐代伟大的浪漫主义诗人，被后人誉为"诗仙"。李白有《李太白集》传世，诗作中多有醉时写的，代表作有《望庐山瀑布》《行路难》《蜀道难》《将进酒》《越女词》《早发白帝城》等多首。

第二章
一世疯狂，够怪才痛快

从遥远的盛唐，跨越历史的长河，一位伟大的歌者向我们缓缓走来，虽是徐如清风，身后却跟随着滚滚惊雷，响彻云天，他十岁就读通五部儒家的经典。

不过，他绝非迂腐之儒，他喜欢击剑、喝酒；他纵横游历，轻财好施。当世惊其天才赡逸，连大唐天子玄宗皇帝都亲手为他调羹。

他，就是李白。

"黄河之水天上来"，亏得李白敢想，但细一想，黄河之水似乎只有从天上而来，此水也只应天上有。他的诗乍一看让人觉得不可思议，如同"白发三千丈"一样不可思议，但白发虽然不能长到三千丈，但与"缘愁似个长"相搭配，那白发又不止三千丈了。

李白被称为诗仙，绝非浪得虚名，因为只有仙人才能有如此生花妙笔。

李白第一次在宫中受到玄宗接见时，神气高朗，气宇轩昂，唐玄宗被他的神采所震慑，对李白爱惜有加，先让李白落座，不必那么拘束，开始写诗时还让权贵高力士给李白研磨。李白写诗前将脚伸给高力士说："帮我脱掉靴子！"高力士一时手足失措，没奈何忍气吞声，只得执行。

高力士是什么角色？

高力士一直是玄宗身边最亲近之人，官封冠军大将军、右监门卫大将军，渤海郡公，哪怕是后来登基的太子李亨都要叫高力士一声"二哥"，连杨贵妃不小心得罪了唐明皇都要请高力士从中求情，高力士可以说是权势熏天，这样的角色，李白居然真的大大咧咧地让他给自己脱了靴子！

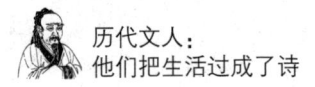
历代文人：
他们把生活过成了诗

唐天宝元年（公元742年），李白在玉真公主的推荐之下，奉诏入长安。为了这一天，他已经等了很久。李白早年就已经名满天下了。二十五岁出蜀东游，名山大川饱览无数，满腔豪情，满腹诗书，文韬武略，一心报国，只等新剑出鞘，立就不世之功。虽然天下太平，谁敢说就没有我李白的机遇呢？

唐开元十八年（公元730年），历尽千辛万苦，来到长安，与贺之章金龟换酒碰杯，留下一段佳话。可惜报国无门，年轻气盛的李白博得小小官职，实在看不惯朝中奢侈糜烂的风气，岂能低眉折腰事权贵，使我不得开心颜？

这日在馆驿里，李白怎么也睡不着。晚上和一帮文人士绅饮酒赋诗，庆祝李白明日被天子召见。热热闹闹的席间，突然地就心情落寞起来，仿佛众人的喧哗全然与己无关。醉意朦胧的回来，无意中立在铜镜面前，散了头发，居然发现了几根银丝。已经过了不惑之年了。那个少年时候意气风发的李白，还能不能再回来？

第二日一早，李白刚刚洗漱完毕，便见驿馆门前吵吵嚷嚷，几个人走进来，一大群人挤在门口观望。为首的一个不男不女的胖子用公鸭嗓喊了声："李白接旨。"

当今天子李隆基兴致很好。议事完毕，已经退朝了，只留下几个要臣。李白整了整干净整齐的长衫，平复了一下有些紧张的情绪，深吸一口气，健步走进大殿。皇帝一见果然非寻常人可比，兴致便来了，他移驾花园，摆了些果品御酒，命李白即席赋诗，并让传旨的太监伺候笔墨。这时候李白才知道，原来传旨的就是权势熏天的太监总管高力士。

高力士可不乐意了。今天传旨，自己一见觉得委屈。但皇帝有令，不敢不从，现在居然让自己给一个布衣文人伺候笔墨！于是也就有了自己的小主意，他把磨好的砚台端起来，手一抖，砚台翻了，乌黑的浓墨几乎溅了李白一身。高力士马上跪倒在李隆基面前:"老奴该死,老奴该死,这该如何是好?"

李隆基可就当场拉下脸来了,他知道高力士心里不愿意,就训斥了高力士一顿,交由李白处置。李白长揖到地说:"高公公磨墨,在下本就诚惶诚恐,愧不敢当;奈何君王有命,不敢不从。既然万岁交由臣下处置,这样吧,草民昨日遍游长安,但见处处太平盛世,直至尽兴而归,致使脚痛难忍,影响诗思。烦请高公公助草民脱靴,就不要惩戒高公公了,恳请万岁成全。"

李隆基愣了一下,哈哈大笑,说:"好好,高力士,帮李公子脱靴。"

高力士脸涨得通红,想说什么但是却什么也没说出来。李白早已经坐在绣墩上,脚丫子伸出来等着呢。高力士气哼哼上前,抓住靴子一拉,却没有拉下来。靴子有点小,加上李白暗中较劲,哪有那么容易。挣了三次,靴子都没有褪下来,高力士深吸一口气,猛力一扯,靴子是脱下来了,他也抱着靴子摔在地上。李白强忍住要笑的冲动,转头去看皇上,李隆基笑得眼泪都出来了。李白内心顿时万分得意,豪气万丈,挥毫写诗。

之后,李隆基还设宴款待李白,让他坐在七宝床上。这里的"床"其实是指坐具,七宝床就是镶嵌着七彩宝石的宝座。不仅如此,天子还亲自为他调制汤羹,对李白说:"你是一介布衣,我却听闻你的大名,如果不是你的道德品行高、文章做得好,咱们俩怎么能今天在这里会面呢?"

天子如此礼遇,一直心往仕途的李白当然非常满足与自得。长安的生活让他感受到前所未有的希望,感受到人生的巨大荣耀。

"青莲居士谪仙人,酒肆藏名三十春,湖州司马何须问,金粟如来是后身。"

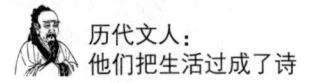

这是李白在回答湖州司马的询问时,所写的戏作。狂放不羁之气,完全毫无掩饰充溢其间。

"白之生,母梦长庚星,因以命之。"所以,世人多以李白是太白金星转世,当然,这也更合乎他诗仙的身份。如果打个比方的话,就像夏夜的星空一样,有这么多灿烂的明星,这么多明星簇拥着一轮明月,那轮明月就是李白。

一生钟爱明月的这轮诗坛明月的人生谢幕也让人充满了想象,李白的死充满传奇的色彩,流传比较广的是他在当涂醉酒后捞水中的月亮,溺水而死。虽然这里面有太多传说的成分,不足采信,但这个传说也算是对李白之死最完美的设计。酒、水、月,似乎构成李白生活的主体,而醉酒后因捞月这种浪漫的死法也只有李白才能够配得上。

袁枚：乱冈写鬼书，灵机制妖怪

袁枚（1716—1798年），字子才，号简斋，晚年自号仓山居士、随园主人、随园老人。钱塘（今浙江杭州）人，祖籍浙江慈溪。清朝乾嘉时期代表诗人、散文家、文学评论家和美食家。

袁枚倡导"性灵说"，与赵翼、蒋士铨合称为"乾嘉三大家"，又与赵翼、张问陶并称"性灵派三大家"，为"清代骈文八大家"之一。文笔与大学士纪昀齐名，时称"南袁北纪"。主要传世的著作有《小仓山房文集》《随园诗话》及《补遗》，《随园食单》《子不语》《续子不语》等。散文代表作《祭妹文》，哀婉真挚，流传久远，可将其与唐代韩愈的《祭十二郎文》并提。

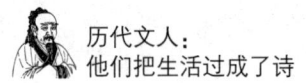

**历代文人：
他们把生活过成了诗**

随园主人袁枚读完蒲松龄的《聊斋》，合书笑说，"松龄早去，无人讲你的故事了"

在袁枚看来，淄川聊斋蒲松龄是个烹饪大师，几个化作靓妞的鬼狐神怪，加一两个帅哥美男，添加一点咸不咸淡不淡的恋情悲剧，回锅一炒，一个个迷倒世人百年的故事便出炉了。

他就想自己再写一部蒲老前辈的《聊斋》一样的故事，但比那本书更真实，更有鬼的味道。

那天，他写了一半的《随园诗话》墨迹未干，墨的香味吸引来一对黄翅蝴蝶，绕着黑色流畅的字跳舞，他用纸扇赶了半天也赶不走，便盯着这卿卿我我的一对看，口里说："怪哉，怪也！子不语，难道还不叫我语吗？"

他的那部记载了大量鬼怪故事的随笔《子不语》，就是从那时开始起笔的。为了写得更真实，为了超越前辈，他写作时身穿黑色丧服，足踩麻鞋，半夜坐在冷飕飕的乱坟冈，听怪鸟对着冷月哀号，假如再有一群嗅着腥味而来的狼狐或野狗，看着那些红的绿的饥渴的眼睛晃来晃去，他就兴奋得发狂，下笔千言还不停。

也是个有暗暗月光的夜晚，袁枚脱掉衣服，袒胸露怀坐在一座巨大的坟前，坟顶生着一棵柏树，根须已把整个坟墓包裹起来。隐隐可见灰色的雾气从根须处冒出来，绕在树枝上。坐在那里，丝丝寒气便侵入了身体，从脚板心上升直到整个身子都让寒冷的雾纱包裹起来。他把油灯挑亮了些，在风的抖动中，他提笔蘸了蘸浓墨，龙飞凤舞地写着。

第二章
一世疯狂，够怪才痛快

"吧嗒"，一滴珠子似的红色滴了下来，掉在纸上洇了一大块。

他抬头，"吧嗒"——又一滴更大的红色血似的滴在他的眼睛上，他嗅到股难闻的腥味。他捋起衣袖擦拭干净眼睛上冰冷的东西，看清了站在他背后的那个东西。身体胖且大，浑身还生长着绿莹莹的鳞片；眼睛很小，埋在难看的皱皮里；嘴巴却很大，咧开一条缝，馋涎便滴了下来，红色的带着腥气——是只妖怪。

妖怪拍拍肚皮，上面的肉便上下颤动。它说："好吃的人肉，我好饿，我要吃掉你。"

袁枚讨厌地把笔上的墨甩了甩，说："慌什么？我还有最后三个字就写完了。你连等三个字的时间都没有了吗？"

"你写吧。"妖怪恹恹地眯上了眼睛。

袁枚第一笔写了似乎有半个时辰，写第一笔时，他看看妖怪，有呼噜声从粗大的鼻孔中喷出。他悄悄地穿上衣服，戴上高高的帽子，站在妖怪的对面，这时候妖怪醒过来，半睁开眼睛，看见写字的肉不见了，气得鼻孔里呼呼响着。它问穿上衣服的袁枚，"我的肉呢？刚才还见他在这里写字，怎么我一眨眼睛他就不见了？"

袁枚说："我才来这里，没见有什么肉。"

"他说过，写完三个字就让我吃掉他，怎么不见了？"妖怪又用血红的眼睛看着他，"是不是你偷吃了？"

袁枚张开嘴让妖怪闻："我刚来，什么东西都没吃。不信？你嗅嗅我的嘴，有没有肉的气味。"

妖怪什么也没闻到，有些愤怒了，抓起身边的松树连根拔起，四处乱扔。

袁枚叫妖怪别急，看看肉写的字写完没有。妖怪一看，三个字只写了半个，还有两个半没有写呢。袁枚说："看看，字还没写完，你吃什

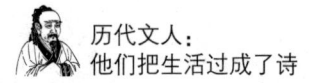

么吃？肉可能尿急了，躲在哪里撒尿去了。你等等吧，他尿完了再写完字，你就可以大餐一顿了。到时，可别忘了分给我一只腿吃哟。"

妖怪相信了，又合上了眼睛，粗野的呼噜声又响了起来。

袁枚趁机收拾好纸笔，没命地逃下山去。

听听袁枚说的话，看看袁枚的鬼故事，这个倡导"率真"写作的随园主人逗不逗？

后来，他关在屋里写完了厚厚一本鬼怪故事集《子不语》。据说夜深人静时读此书，可以看见鬼魂轻烟似的在眼前飘，耳聪者还能听到形形色色的鬼怪们唱出来的哀怨的歌声。

《随园诗话》当然也写得很成功，印证着作者自身的生活，除此还有一本，《随园食单》专门研究饮食，收罗了十四到十八世纪三百二十六种菜肴饭点，很少有文人费心于食谱的撰写和保存，而袁大才子热爱生活中所有的雅俗之事，其乐融融。

纪昀：对对对子抽抽烟

纪昀（1724—1805年），字晓岚，清代文学家，直隶献县（今中国河北沧县崔尔庄）人，官至礼部尚书、协办大学士，曾任《四库全书》总纂修官，撰写了《四库全书总目提要》。代表作品《阅微草堂笔记》以记述狐鬼故事、奇特见闻为主，是以笔记形式写成的志怪小说。

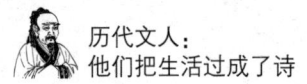
历代文人：
他们把生活过成了诗

纪晓岚要戒烟了！

这个具有震撼性的消息，迅速地在京城传开来。从朝廷官员到平头百姓一时间都在议论这件不可思议的事。认识纪晓岚的人都知道，这位乾隆皇帝身边的大红人、大学士、大才子一生中最大的爱好就是抽烟。只要是看见他人的时候肯定看他手中拿着一杆旱烟袋，说说话就时不时地放在口中抽上两口，所以大家给他取了个绰号，叫"纪大烟袋"，就是这么个超级烟民，他会把烟说戒就戒了？鬼才相信呢！

关于纪晓岚戒烟的传闻，人们议论纷纷，一下子成了街头巷尾的热门话题。

纪晓岚确实是一个十足的烟民，每天读书、会客、散步的时候几乎是烟不离手。抽上几口烟，赛过活神仙。为了能够把烟抽得更自在得意，纪晓岚差人特意按他自己的设计订做了一杆巨大的烟袋锅，一般的烟袋锅与之相比的确不可同日而语，其烟锅能装烟叶四两；纪晓岚不论走到哪里都带着这杆烟袋锅，好不快活。

一次，在上朝前纪晓岚突然犯了烟瘾，说什么要点火抽上几口才算舒坦。可是他刚刚把火点着了，还没开始抽，大殿里就宣布上朝了。纪晓岚还来不及把火掐灭，乾隆皇帝就已经临朝了。

纪晓岚慌忙之中就把烟袋锅塞进了自己的靴子里面，因为火还没灭，就在靴子里面着了起来。纪晓岚强忍着脚上的疼痛，低头把脸憋得通红。乾隆发现纪晓岚的靴子里直冒白烟，就连忙问纪晓岚，究竟是怎么回事。

第二章
一世疯狂，够怪才痛快

纪晓岚实在忍不住脚上的疼痛，只好把实情说了出来，听罢乾隆连同文武百官顿时哄堂大笑。乾隆让纪晓岚赶快出去处理，只见纪晓岚一瘸一拐地大步从大殿上逃了出来……等到第二天上朝的时候，百官们发现纪晓岚没拿烟袋锅，却拄着一根拐来上朝。纪晓岚真不愧为"纪大烟袋"，为了抽烟都甘愿舍出一只脚来。

纪晓岚的那杆大号的烟袋锅有一次被小偷偷走了，这可急坏了府上的用人们，他们把纪晓岚家里里外外翻了个遍也不见烟袋锅的影子。无奈之下，用人们只好告诉了纪晓岚，建议纪晓岚再找匠人订做一个。纪晓岚不慌不忙地对用人们说："没关系，我的烟袋锅太大，我想一般人也用不上，偷烟袋锅的贼一定是偷出去卖了。"于是，他给用人一点碎银子，让他们去市面上找找。果然，没有费太大力气，用人们就在琉璃厂旧货市场又把那杆纪晓岚的大号烟袋锅买了回来。物归原主之后，纪晓岚又可以吧嗒吧嗒地抽烟了。

可这次，纪大烟袋怎么来了个一百八十度地大转弯说要戒烟呢？到底是什么事情刺激了我们的纪大学士呢？这还要从对对子讲起。众所周知，纪晓岚对对子那是天下一绝，举世无双的。比如说就在纪大烟袋宣布要戒烟的上个星期就着实出了把风头。

那天，他在醉月轩为翰林陈半江送行，同他一起为陈翰林送行的还有江南才子吴文魁。饮茶之余为打发剩余的时光，吴文魁要和纪晓岚对对联。纪晓岚一听要对对子连忙赞成，笑着对吴文魁说道："好啊，台兄要如何比试呢？"

才高八斗并且盛气凌人的吴文魁说："纪大人，我们以卷帘式的方式来比试，您意下如何？"纪晓岚不假思索地说道："好！"于是便由吴文魁先出上联。醉月轩窗外有一株海棠树，花开得正灿烂无比。吴文魁就率先以"海棠"二字让纪晓岚来对，纪晓岚脱口而出"山药"

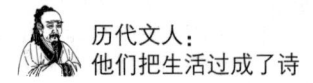

二字。吴文魁在"海棠"前又加一个"嫩"字变为了"嫩海棠",纪晓岚也在"山药"前加了一个"老"字变成"老山药"。吴文魁又道"带叶嫩海棠",纪晓岚对"连毛老山药"。吴文魁又加两个字道:"一枝带叶嫩海棠",纪晓岚也加两字,对"半截连毛老山药"。吴文魁此时看了一下旁边为他们演奏的歌女,又加四个字"鬓边斜插一枝带叶嫩海棠"。纪晓岚接着一本正经地道:"腰间悬挂半截连毛老山药"。

纪晓岚刚把这句说出来,在座的朋友们都觉得相当露骨,全场不禁哄堂大笑。不过,吴文魁尽管有些面露窘色,仍不甘示弱,他继续道:"我爱你鬓边斜插一枝带叶嫩海棠"。纪晓岚先是一声洪亮的大笑,然后马上接着对道:"你怕我腰间悬挂半截连毛老山药!"

此时,在座的人已是笑得前仰后合了。吴文魁不得不甘拜下风,对纪晓岚佩服得五体投地。

按说纪晓岚对对子的能力已经可以打遍天下无敌手了。

可是这一次他却被一个小女子出的一个上联弄得闷闷不乐,茶饭不思,居然还声称要把烟戒了。

这个小女子不是别人,正是纪大学士的小妾沈氏,字明玕,她的芳名明美如玉,在纪晓岚的一妻三妾中,也大概是顶有才气的,也最能博得纪大学士的宠爱。前几日,明玕正用一种很薄的类似于纱布的夏布糊窗户,此时正值夏日,阳光透过横竖相间的窗棂泄进来,照得每个棂格里都很亮堂。聪敏的明玕偶得一句:"夏布糊窗,个个孔明诸格亮。"在此句中,她巧妙地把三国人物诸葛亮以及他的字孔明镶嵌了进来,并且"葛"与"格"又为谐音,明白如话,生动有趣,真可以说是妙手偶得,自然精致。她把这个上联说给纪晓岚听,希望纪大学士能对出个好的下联来。

第二章
一世疯狂，够怪才痛快

可是，偏偏在这个时候，纪晓岚却百思不得其解，怎么也想不出一个合适的下联。这个可愁坏了我们的纪大才子，他这几天来变得沉默寡言，完全收起了往日的恃才放旷，那杆大号的旱烟袋也放在桌子上几天没碰过了。

这也就有了纪晓岚戒烟的传闻了。

纪晓岚整日枯坐在书房里没精打采地读书，明玕劝纪晓岚说："老爷，您不要太过忧虑了，臣妾这只是个游戏而已。"

"纪晓岚啊！纪晓岚！你这一辈子对过多少精彩的对联，博得多少世人的敬仰，就连乾隆皇帝都宠爱有加。你一个大清的内阁大学士，这回竟然连一个小女子的游戏之作都对不上来了呢？纪晓岚啊！纪晓岚！你糊涂得可以啊，你如何对得起老天给你的一个聪明的脑袋呢？"纪晓岚气愤地对自己说。

"啊——"纪晓岚立刻惊叫起来，仿佛恍然大悟一般，"有了，有了，有下联了——"纪晓岚高兴得一下子从椅子上跳了起来。他对着明玕兴奋地说："我想起下联了。下联是'山神望天，片片石云霁晓岚'。"这的确是个绝妙的下联，是纪晓岚茅塞顿开想出来的。"霁"与"纪"谐音，"石云"又是纪晓岚的晚号。联意为山神看天，见片片绕石的云彩搅着雨后山里的雾气，而且以纪晓岚对诸葛亮，一个蜀汉的丞相，一个大清的协办学士，身份上也不相上下。明玕听后也大为惊叹，这简直是完美绝伦的搭配了。

纪晓岚一扫连日来心头的阴云，马上差人把自己的那杆放了几天的大号旱烟袋拿来，点上火，用力地抽了起来。纪晓岚像卸掉了身上几千斤重的石头一样，感觉浑身自在快活，特别是又能抽上烟了，更加惬意。人生的大喜也不过就如此吧。纪晓岚这样想着，嘴里不断地吐出烟圈来，云烟缭绕之处，呈现出一派悠闲的时光。

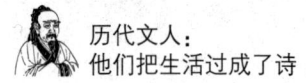

　　对对子是纪晓岚一生中做得最得意的事,当然,如果让我们的纪大才子在对对子的时候手里拿一杆烟袋锅,并不时地抽上两口,那将是更加开心的事了。

第三章　急难坚，勇当先，战犹酣

苍天笑，纷纷世上潮，谁负谁胜出，天知晓。人生起起落落，最显芳华，如果前面是天，就破天；如果前面是敌，就轰敌！

苏秦：配六国相印，天下兵马在吾手

苏秦（？—前284年），字季子，雒阳（今河南洛阳）人，战国时期著名的纵横家、外交家和谋略家。《汉书·艺文志》纵横家有《苏子》31篇，早佚。帛书《战国纵横家书》存有其游说辞及书信十六篇，其中十一篇不见于现存传世古籍。

第三章
急难坚，勇当先，战犹酣

夜已经深了，一个学子还在挑灯苦读，为了防止自己打盹，他把头发吊在梁上的环扣中，为了使自己更加清醒，他不断用锥子刺自己的大腿，鲜血进出，直流至脚……

此人是谁？苏秦也。

苏秦如此发狠苦读，当然得到了回报，那就是六国的相印在他的腰间，权势极大。苏秦从楚国返回赵国时，经过洛阳家乡时候，周王姬扁诚惶诚恐，沿途扫除街道，准备官舍，隆重接待他。

六国宰相的相印在苏秦的腰间相互摩擦，发出的声音更加显示苏秦的尊贵，鲜衣怒马，随从如云，他的祖国同胞真是又敬又羡。苏秦的妻子也倾耳侧目，不敢正面看苏秦一眼。那位曾经使他挨饿的嫂嫂，也匍匐路旁，自跪四拜而谢罪。苏秦问她："你从前怎么那样轻视我？而今天又怎么如此恭敬？"那位嫂嫂老老实实说："只因为你今天位尊而多金。"

苏秦抚摸着腰间的六国相印，抚今思昔，可谓冰火两重天，一阵微风抚过，得意之情不由浮现自己的脸庞，才知道自己已经成功得了不起，才知道什么是真正的优越感。

想想自己当初真的很不幸运。从鬼谷子学习，自恃学业有成后，便迫不急待告别师友，游历天下，以谋取功名利禄。可是自己的"连横"论调在秦惠王不起作用。苏秦口若悬河说了半天，秦惠王仍然八风不动，只慢条斯理地说了一大堆秦国的难处，然后就"端茶送客"了。苏秦的盘缠也用完了。没办法再撑下去，于是他穿着破衣草鞋踏上了回家之路。

到家时，苏秦已骨瘦如柴，全身破烂肮脏不堪，满脸尘土，与乞儿无异，

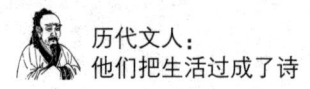

落魄景象溢于言表,令人同情。

妻子见他这个样子,摇头叹息,继续织布都没有下织机;嫂子看见他扭头便出去了,都不愿给他做饭;父母、兄弟、妹妹不但不理他,还暗自讥笑他说:"按我们周人的传统,应该是安分于自己的产业,努力从事工商,以赚取十分之二的利润;现在却好,放弃这种最根本的事业,去卖弄口舌,落得如此下场,真是活该!"这也许是关于世态炎凉最早的记载了。

此情此景,令苏秦无地自容,惭愧而伤心。他关起房门,对自己作了深刻的反省:"妻子不理丈夫,嫂子不认小叔子,父母不认儿子,都是因为我不争气,急于求成的原因啊!"

反思之后,他又重振精神,搬出所有的书籍,发奋再读。夜已经深了,他还在挑灯苦读,为了防止自己打盹,他把头发吊在梁上的环扣中,为了使自己更加清醒,他不断用锥子刺自己的大腿,鲜血迸出,直流至脚,心里还想着:"我就不信我苏秦说不动君王给我金玉锦绣封官为相。"

战国时代,纷纷扰扰,异彩纷呈,国与国的关系微妙,时紧时松,七个国家在一个大棋盘上占据着位置,各有所图。棋局扑朔迷离,你来我往,此消彼长,让人看得眼花缭乱。时代风云变幻莫测,西边的秦国狼子野心要吞食东边六国,只不过火候未到,有所顾忌,欲联合小国逐个击破;东边六国,数齐最强,它们集体害怕强秦的攻占,彼此之间又因为一堆鸡毛蒜皮的事始终不肯站在同一阵线,谁都对捆绑在一起心存芥蒂。战国时代和一战前欧洲几个大国的关系一样,错综复杂,利益纠结。

如此局势之下,苏秦就又一次上场了。连横不成的他重新审视时局,构建另一套方案合纵。当他再次出山时,选中的突破口是广纳贤士,力求摆脱国家困境的燕昭王。

苏秦的新理论和莲花舌成功使燕王折服,燕王资助他一切费用带着

第三章
急难坚，勇当先，战犹酣

他的合纵理论前去游说赵，一起联合起来抗击秦国。苏秦总算扬眉吐气了，他威风凛凛地周游列国，说得韩魏楚齐各路诸侯频频点头，言听计从。

从此，苏秦先后说服赵、韩、魏、齐、楚五国之君，赵国国君很高兴，赏给苏秦很多宝物。他的合纵之论加上黄金万镒，一路上车轮飞转骑兵成行，仪仗闪耀威风八面，一时大受各国尊重，都与函谷关外的秦国断了交。于是在苏秦的领导之下六国达成联合的盟约，相会于洹水之上，正式为共同的反秦理想签约，苏秦被推举为纵约长，佩带六国相印。

苏秦这时乐得合拢不上嘴巴，自己的努力没有白费，自己的理想终于实现了，由一个穷巷书生，一跃而成为前无古人的六国丞相，这可是普通人一辈子也得不到的荣誉啊。

苏秦腰挂六国相印，过问各国事务，率领六国的军队，指挥若定。苏秦说话的时候六国领导人都会洗耳恭听。自己真的是"一怒而天下惧，安居而天下熄"，天下无人能够与之抗衡。

秦国知道这个消息后大吃一惊。此后十五年，秦兵都不敢图谋向函谷关内进攻。苏秦想，还有谁能够像自己一样，在中原地图上玩起排列组合，如鱼得水，像一个神奇的魔术师在不经意间拆分世界，重整力量，演绎着一场场智能的盛宴呢？

陈平：空头美人计，换得白登山解围

陈平（？—前178年），汉族，阳武户牖乡（今河南原阳）人，西汉王朝的开国功臣之一。

第三章
急难坚，勇当先，战犹酣

刘邦被围困在白登山之上有好几日了。山上寒气逼人，粮食匮乏。天寒人饥，惨不忍睹，军队之中人心惶惶。

有军中歌谣为证："平城之中亦诚苦，七日不食，不能彀弩。"援军呢？被韩信的军队拖住了。这时的刘邦唤天不应、呼地不灵，这才后悔没有听陈平之言，贸然亲征平城，就在他无计可施，只能坐以待毙之时，匈奴的围兵竟然撤开了一角，让汉军如漏网之鱼一般顺利逃亡。汉高祖这次的侥幸逃脱，又是陈平的一大功劳。

陈平，阳武（今河南原阳东南）人，少时喜读书，有大志，在乡里主持祭社神时，为大家分肉。很是平均，父老赞之，他感慨地说："使平得宰天下，亦如此肉矣！"陈胜、吴广起义后，陈平原本想辅佐魏王，但受到猜疑，转投项羽麾下当谋士，却不受重用。投奔刘邦后，陈平也曾受到过怀疑，但是凭自己的智慧和口才赢得了刘邦的信任。陈平远比许多谋士要幸运，因为在刘邦阵营中，他的智慧和权谋得到了充分的施展。良臣需择明主，陈平的成功，正在于他能够慧眼识人，如范增和后来的陈宫，虽满腹经纶，胸中韬略万千，所奉之主或刚愎自用，或胸无大志，只能含恨而终。他深知良禽择木而栖的道理，所以才要一再"弃暗投明"。

事实证明，他货比三家是正确的，他为刘邦"六出奇计"夺取天下，同时为自己赢得了生前身后名，也为后世留下了一段段为人津津乐道的佳话，堪比诸葛，解白登之围就是六计之一。

当时驻守马邑的韩王信投奔匈奴，刘邦为了巩固北方，御驾亲征。匈奴把精良的部队和马匹都藏了起来，因此侦察兵反馈的消息是：单于

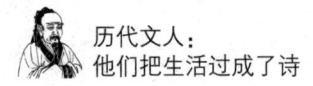

手下尽是老弱残兵。当时陈平提出异议,认为其中有诈,可惜刘邦不听。汉军赶到平城后便中了埋伏,最后只能退守到白登山上。

陈平闻之,当然得想计策帮主脱危了。思前思后,主意有了——空头美人计。

陈平准备好一幅美人图,以及一些金银珠宝,派遣一位胆识俱全的使臣下山买通番兵,去见单于冒顿新立的阏氏。这位阏氏因为承恩正盛,因此被单于带来一同行军。阏氏屏退左右之后,汉使说:"如今汉王被困,而单于对阏氏言听计从,因此带来这些珠宝献给阏氏。倘若不行,另有美人敬献单于。"画卷展开,果然有一绝色女子呼之欲出,这正中了阏氏的心病:难道由他人来与自己争宠不成?思量之后,自己的私心终于占了上风,于是收下珠宝,让汉使带着画卷回去。果然,阏氏极力劝说单于放了刘邦,理由是即便能够夺得汉地,得之容易守之难,而且汉家皇帝有神灵护佑,杀之不祥。而冒顿单于原本和韩王信的部将王黄、赵利约好夹击汉军,现在二人迟迟未至,单于害怕自己的军队反而被刘邦和韩王内外夹击,自己腹背受敌,便传令把围兵撤开一角,纵放汉军。

一幅美人图,加上一些机缘巧合,解得白登之围。陈平飞马驰骋,命士卒分前后两部分,弓箭手把刘邦护在中间,张弓搭箭,驱车退入平城。匈奴军队见汉军军容整齐,从容不迫,也疑心有诈,不敢妄动。如此,汉军顺利走出了包围圈。

脱险南还的刘邦当然重赏了陈平,大加盛赞后又倡导"向陈平同志学习!"这种荣誉怎使陈平不自豪?待到刘邦问美人图上的真美人何在?陈平更是哈哈大笑。

解围之计,千计万计,不过都是算心计而已,陈平把阏氏作为一名女性的心理都摸透了。倘若当时的阏氏不是一心只担心自己的地位,怎会被一纸画像搅得心烦意乱?倘若汉高祖七年(公元前200年)匈奴就灭刘邦于白登山,进而占领中原,后来的文景之治、武帝昌盛又从何谈起?

郦食其：勇冠三军的高阳酒徒

　　郦食其（？—公元前203年），陈留县高阳乡人。少年家境贫寒，好读书，只得当了一名看管里门的下贱小吏。但是尽管如此，县中的贤士和豪强却不敢随便役使他，县里的人们都称他为"狂生"。郦食其以其三寸之舌游说列国，为刘邦的"统一战线"做了重大贡献。

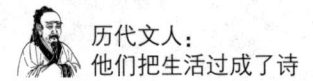
历代文人：
他们把生活过成了诗

李白的《梁甫吟》里有这么一句："君不见高阳酒徒起草中，长揖山东隆准公！入门不拜骋雄辩，两女辍洗来趋风。东下齐城七十二，指挥楚汉如旋蓬，狂客落魄尚如此，何况壮士当群雄！"这里的高阳酒徒，就是郦食其。指挥楚汉如旋蓬，那是何等的潇洒。

旋蓬一词意指随风旋转的蓬草，表示轻而易举。不过我们完全可以想象成郦食其戴个蓬帽，这里那里地指挥各个方向，忙得直转，却一点都不慌乱，就如同李敖说演讲得左右顾及，因此转来转去像个电风扇，郦食其转得旋起来了。

毛泽东读到这一段的时候，给李白的诗加了四句："不料韩信不听话，十万大军下历城，齐王火冒三千丈，抓了酒徒付鼎烹。"这四句讲的是郦食其是怎么死的，而李白的诗则是讲郦食其是怎么狂的。

那这个郦食其到底是一个怎么样的人呢？

郦食其发迹的时候岁数已经不小了，是个老当益壮的角色，看见他估计就能知道什么叫不服老，不服输。这个人喜欢喝酒，从小就喜欢喝，因此自称高阳酒徒。其实想象一下，一个老头子咋咋呼呼，喜欢喝酒，其实还蛮可爱，不过他爆起来也了不得。当年他听说刘邦能容人，无雄才但有大略，于是就决定投奔他了，跟他去推翻暴秦。

他去的那天呢，正好刘邦在让美女帮他洗脚。刘邦手下，就跟刘邦说外面有个儒生求见。刘邦是什么人，他曾经往儒生帽子里撒尿来侮辱儒生，他是非常讨厌这些儒生的，认为他们酸酸得让人看得不爽。

于是就说，告诉他让他滚吧，老子看儒生烦躁。手下于是出去就跟

第三章
急难坚，勇当先，战犹酣

郦食其原话说了。郦食其在外面早等得不耐烦了，双目怒睁，手握长剑，"唰唰"晃了两下，你跟他说："老子不是儒生，老子是高阳酒徒。"刘邦一听这口气，知道来者不是一般人，于是顾不上擦脚，就出来了。

郦食其见面也不拜，劈头盖脸就问："您是想帮助秦国攻打诸侯呢，还是想率领诸侯灭掉秦国？如果您下决心聚合民众，召集义兵来推翻暴虐无道的秦王朝，那就不应该用这种傲慢之态来接见长者。"刘邦被问得哑口无言。刘邦于是态度一转，把郦食其请到了饭桌上，跟他道歉。问郦食其说："愿闻高见。"

郦食其于是谈了六国合纵连横所用谋略，刘邦才发现此人谈吐不俗，于是命令人给郦食其做美味佳肴，并问计于郦食其说："那您的意思是怎么样呢？"郦食其回答说："你现在的兵力，老弱病残都算上也不满一万人，就凭这个和强秦对抗的话，那是'羊探虎口'啊。陈留是天下交通集会处，道路四通八达，而且现在城里又有很多存粮。陈留的县令我认识他，我到他那里去跟他说一说，劝他向您投降。他要是不听我的话，你就发兵攻城，我在城内作内应，把他咔嚓了。"刘邦觉得有理就采纳了他的意见。

想想看郦食其这个人确实颇俱胆略，敢和刘邦吹牛说我去找县长谈谈，要他让位子给您，这不是与虎谋皮吗？不过这个陈留的县长却也不怎么样，优柔寡断，不敢答应。也没有把这么无理的郦食其杀掉，反而被郦食其带人杀死，人头也被扔到了城楼下，刘邦乘机进去说能投降的快投降的，不投降的，县令就是你们的榜样，结果不费太大的劲，陈留遂归刘邦。

可以说为刘邦日后的称帝准备了最基本的条件，是刘邦的第一桶金。

楚汉相争时，郦食其又建议刘邦说："现在楚汉相争持续的时间太长了，这样的话百姓就会骚动，结果会造成海内动荡，人心不安。你现

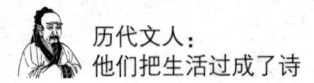

在应该尽快结束这样的状况。我建议你急速进兵，收取荥阳，夺取粮食，只要有了粮食，并且占据了险要的地方，天下就归属于你了。"然后郦食其还说自己愿意去说服齐王田广。刘邦认为郦食其说得真好，于是决定就这么办。高阳酒徒的这一建议，成为刘邦夺取天下的战略思想。

于是郦食其就去了齐地，跟齐王田广说："你可知现在人心的归向啊，你要是知道的话，齐地的人们可保平安，要是不知道的话，你可能就完蛋了"。田广于是就问："我不知道，愿闻其详。"于是郦食其就说刘邦广纳贤士，屡战屡胜，并晓之以利害，说刘邦才是真英雄，以后天下必归于他，所以他是人心的归向啊，你应该跟汉王刘邦混了。田广思虑再三，决定采纳这一建议。结果不巧的是，郦食其不用兵戎相见，就取得齐地七十二城的消息，传到了韩信的耳朵里。韩信起了妒忌心。于是趁郦食其跟田广喝酒的工夫，就率兵攻打来了。田广一看，这还了得。你郦食其刚跟我说要我归顺汉王，是和平方式交接，这时候却好，把韩信引来杀我，原来你小子是内奸，跟我讲那么多废话是为了内应，好让韩信攻我不备。于是下令找人把他给煮了。在临煮的时候，田广跟他说："你要把他给我劝退，我倒也能留你条活命。"郦食其不吃这一套，当年刘邦急慢他，他都敢教训，现在你田广敢跟我讲这些，他哪里待见。那股劲上来了，便说："干大事者，不拘小节。我才不帮你说退呢，你要杀要剐，随你的便！"结果一代豪杰，就这么慷慨就义了。他本来可以不死的，但是选择了死，而与他有过节，导致他被烹杀的韩信，却是不想死，但是被弄死了，命运无常啊。

想想当时，锅里的水已经滚熟，士兵押解着他，田广气势汹汹地跟他讲条件，他不接受哈哈大笑而走。

观郦食其的一生，早年的时候就得"狂生"名号，他六十来岁的时候，才出来跟了刘邦，可以说岁数比较大了，但是依然精神健旺，神采飞扬。

第三章
急难坚，勇当先，战犹酣

其实，一时狂简单，但是能狂一辈子是不容易的，郦食其狂了一辈子，而且并不是轻狂，而是颇有谋略，胆识过人，勇冠三军。

刘邦失去他后十分痛心。在分封列侯时，还怀念郦食其。郦食其的儿子郦疥虽然多次带兵打仗，但军功还不行，可是汉高祖刘邦封郦疥为高梁侯，可见刘邦对郦食其的欣赏和怀念，而且后来又改食邑在武遂，侯位传了三代。郦食其在九泉之下，大概也很高兴吧！

霍去病：鹰击长空，春风得意马蹄疾

霍去病（前140—前117年），河东平阳（今山西临汾西南）人，西汉名将、军事家，用兵灵活，注重方略，不拘古法，勇猛果断，官至大司马骠骑将军，封冠军侯。

第三章
急难坚，勇当先，战犹酣

有一则传说自战场上流传下来却非常美丽。

说的是少年将军霍去病河西立下大功，汉武帝特派使臣载了美酒到前线去慰问。霍去病对使臣说："谢谢皇上的奖赏，但重创匈奴不只是我的功劳，功劳归于全体将士。"遂命令将御赐美酒抬出犒劳部下。

但酒少人多，怎么办？霍去病吩咐手下，将两坛美酒倒入营帐所在的山泉之中，于是整个山谷顿时酒香弥漫，全体将士纷纷畅饮掺酒的山泉，欢声雷动。这也就是"酒泉"的来历。

这位英勇却浪漫的少年将军此刻就站在我们的面前，荡气回肠。

大漠远处冉冉升起的狼烟，不知起点，只能看到它遥遥上升的身影，一处燃起，紧接着更远的一处又燃起，烟直而聚，象征着又一场战争的开始。

"这片沙漠的后面住着吃人不吐骨头的豺狼，他们杀害我们的亲人，侮辱我们的国家，大丈夫生于世，一不能偿家恨、二不能报国仇、三不能建功立业快慰平生，还有什么意义？我相信，你们每一位都是大汉的血性男儿，现在，我要你们跟随我，建功立业！行此壮举！"

大漠飒飒风中，少年霍去病遥指远方，对他的士兵们说出这番话，展示了超强的凝聚力，一种灵魂的力量。

士兵们的怒火被点燃，军人的热血在沸腾。在此关头，军人的荣誉就是战死疆场，马革裹尸还！

"骠姚校尉，我们将跟随你，无视生死！"将士们都在叫。

元朔六年（公元前123年），漠南之战打响一年之际，霍去病对武

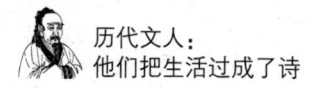

帝刘彻说:"陛下,请派我去战场。"

刘彻有些吃惊,这几乎还是个孩子,即便英挺锐气却稚气未脱。在武帝的犹豫中,霍去病坚定地注目着自己的帝王,用平静而果决的声音重复着:"陛下,请答应我的请求。"

霍去病出生在一个奴仆家庭,他的母亲是私生子,而他也是一个私生子,拥有这样身份的他,似乎长大也要成为奴仆。虽然出身低贱,但是他却享尽无限荣光。就在他三四岁的时候,他的姨妈卫子夫成为汉武帝的爱妃,卫家人的命运发生了翻天覆地变化。18岁时候的霍去病,作为皇后和大将军的侄子,是除了皇族子弟以外最受宠信的高干子弟。这个相貌奇伟、性格坚毅、智勇过人的青年很受武帝赏识,便派他做了保卫皇帝安全的侍中官。他虽年少位尊,但精于骑射武术,汉武帝想教他兵法,他却答:"顾方略何如耳,不至学古兵法。"他的志向在于疆场。

所以在战争打响的这一年,尚未弱冠的霍去病说:"陛下,请答应我,我要去打仗。"

这是霍去病和武帝的第一次交锋,武帝让步了。谁都不敢相信武帝会派他上战场,连卫青也是大吃一惊。实际上,武帝这次派霍去病参战,只是想让他"见识见识"真正打仗的模样,作为一项锻炼,而这个锻炼,却让整个汉帝国为之震动,也让那段历史为之神化!

武帝给卫青特别下达了一道政令:你勿必确保霍去病的安全,你得给他最精良的士兵。我将骠姚校尉交给了你。

于是在战场上,甲胄如林枪戟如雨的汉家军阵中有个特别年轻的身影,他随侍在大将军的帅旗旁,当卫青拔出宝剑时,森然剑锋折射出少年眼中喷薄欲出的锐芒。卫青大军出师不利,基本上无功而返。而霍去病带着部下八百骑,独自抛开大军两百多里,一往无前地奔向北方。但见黄沙戈壁,渺无人烟,大漠萧风,红阳烈日。大漠总是展现着它粗野

第三章
急难坚，勇当先，战犹酣

豪迈的气势，使无数的人向往和追求着。只是现在霍去病杀敌到了这里，黄沙百战穿金甲，不破楼兰终不还。

霍去病长驱直入！突如其来！出奇制胜！

要快，快到不给对手分秒的反应时间。正因如此，一旦在沙漠中迷失方向，甚至运气不好找不到敌人，还会面临生命危险。沙漠比起那些匈奴人，更为残酷无情。匈奴多年以来就仗着沙漠屏障，将汉朝当作予取予求的仓廪。

这些后果严重的可能，在霍去病面前丝毫不起威吓作用。一马当先的少年将领，目光沉着，神情冷峻，除了开始誓师时候的那番话，他没有再多说一个字，只是率领着他的队伍，向沙漠深处驰去，向前！向前！

这是种地狱的死寂，霍去病的气质影响了士兵，士兵们完全屏除了人性中的怯弱面，跟着这样的统帅，他们亦无畏无惧。他们感到自己都是顶天立地的男子汉！

于是十九岁这一年，霍去病以八百轻骑深入敌军腹地，在沙漠中斩杀敌人2028名！霍去病以800歼敌2000余。古今中外还有谁比霍去病赢得离谱，赢得嚣张！

然而惊喜远不止这些。2028人中有匈奴的丞相、当户，其级别相当于汉朝高官。匈奴单于祖父辈的"籍若侯产"亦在死亡名单内。甚为难得，霍去病在百忙之中还顺手抓了名俘虏——单于的叔叔"罗姑比"，要押往长安。

这一战，霍去病带800去，带800人回来。他和他的士兵——全身而退！惊世骇俗！众人震惊！所有人的眼球都吸引了过来，武帝听说之后喜不自胜，兴奋不已，封他为冠军侯，升他为骠骑将军，春风得意谁能及？

是啊，多少名将猛士，有哪个像霍去病这样，带800人深入敌后歼

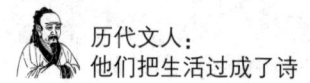

敌2000余,赢得离谱就算了,居然还带原班人马返回,不损一兵一卒。

于是,灞桥边的柳树叶片成荫,渭水两岸,桃花烁烁如火。明媚时节,长安迎回来了得胜的霍去病,那马上的少年,意气风发,他知道没有谁能够像他一样如初升的旭日成为万众议论和瞩目的焦点,马蹄轻快,在长安的官道上,霍去病飞驰而过。

"别看我年轻,打起仗来我可是一流的!"霍去病这样向怀疑他能力的人发讯号。飞将军李广也因此叹道:"初生牛犊不怕虎啊!"

此时长安少年已经不在市井游走玩闹,而变成了叫那匈奴胆寒的"飞龙",在天翱翔。大漠狼烟起,狂沙马咽嘶。

他身上滚烫的血性和悍勇,笑傲挥洒西北疆土,剑指匈奴。

冲锋!冲锋!还有谁比他更快慰平生?

班超：投笔从戎，三十六骑平西域

　　班超（32—102年），字仲升，扶风郡平陵县（今陕西咸阳东北）人。东汉时期著名军事家、外交家，不甘于为官府抄写文书，投笔从戎，随窦固出击北匈奴，又奉命出使西域，在三十一年的时间里，平定了西域五十多个国家，为西域回归、促进民族融合，做出了巨大贡献。

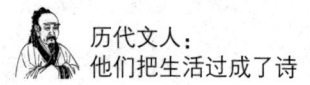
历代文人：
他们把生活过成了诗

　　投笔从戎、万里觅封侯的东汉名将班超在中国可谓是家喻户晓。

　　汉明帝永平五年，班超的兄长班固被召入京城任校书郎，班超和母亲跟随着居于洛阳生活。这时候，班家早已不如以往显贵，班超只靠在官府抄写点儿文书来生活。他伏案挥毫写字之际，每每听到边关匈奴入侵，心中愤懑，掷笔旋身而起，来到窗边，脑中全是将士奋勇杀敌的场景：马踏匈奴，冲锋陷阵。

　　一时间心潮澎湃，握着窗棂的手也捏紧，指端变得发白。回首看到旁边的人还在继续抄写，他忍不住说："男子汉无他志略，应该效仿傅介子、张骞立功异域，以取封侯，怎么能长久事笔砚间，埋首桌案？"旁人不以为意，哼道："我们只不过是抄写员，哪有那么大的志向！"大家都对他的异想天开付之不屑的一笑。班超不禁感叹："小子安知壮士志哉！"语毕转身推门，潇潇洒洒地就那么出去了。

　　此行一去，别人再听到他的消息，竟是从那西北遥远的战场上传来的。谁能想到班超那华丽的转身，便已弃文从武，投笔从戎呢。

　　不久，班超出访西域时，以三十六人之师力斩匈奴使者的事迹，又为后世留下了一句千古绝唱——"不入虎穴，焉得虎子？"

　　当时中土因为陷于改朝换代大混战，无力西顾。西域遂像断了线的风筝一样，远离中国而去。

　　汉永平十六年（公元73年），大将军窦固出兵打匈奴，班超在他手下担任个代理司马，立了战功。窦固为了抵抗匈奴，想采用汉武帝的办法，派人联络西域各国，共同对付匈奴。他赏识班超的才干，派班超担任使

106

第三章
急难坚，勇当先，战犹酣

者到西域去。此时北方匈奴的势力已根深蒂固，班超首先抵达的是鄯善王国。鄯善不满匈奴的残酷压迫，这次看到汉朝派了使者来，他们就挺殷勤地招待着他们。可是不久就冷淡了下来，这种情况让班超警觉到有什么事情发生过，他就对随从说："你们看得出来吗？鄯善王对待咱们跟前几天不一样，我猜想一定是匈奴的使者到了这儿。"

话虽这样说，毕竟只是一种猜想。刚巧鄯善王的仆人送酒食来。班超装得早就知道的样子说："匈奴的使者已经来了几天？住在什么地方？"

鄯善王和匈奴使者打交道，本来是瞒着班超的。那个仆人给班超一吓，以为班超已知道这件事，只好老实回答说："来了三天了，他们住的地方离这儿三十里地。"

班超把那个仆人扣留起来，立刻召集三十六个随从，对他们说："大家跟我一起来到西域，无非是想立功报国。现在匈奴使者才到几天，鄯善王的态度就变了。要是他把我们抓起来送给匈奴人，不但会受辱，埋骨他乡恐怕已是必然。你们看怎办可好？"

众人面面相觑，均转向他说："现在情况危急，我等也没了主意，全仗你了！"

班超沉声道："大丈夫不入虎穴，焉得虎子？现在只有一个办法，趁着黑夜，到匈奴的帐篷周围，一面放火，一面进攻。他们不知道咱们有多少人马，一定着慌。只要杀了匈奴的使者，万事大吉。"

半夜时候，班超就率领着三十六个壮士偷袭匈奴的帐篷。那天晚上，正赶着刮大风。火一烧起来，大火连绵，班超与三十六个壮士边呐喊边杀进帐篷。

匈奴人从梦里惊醒，到处乱窜，最后都被班超他们杀死。

当然，鄯善国王吓破了胆，只得听汉朝的了。在此之后，永元三年（公元91年），班超用各种办法统一西域全境。

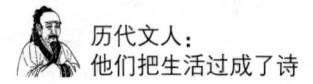
历代文人：
他们把生活过成了诗

世界历史上有西班牙的佩德罗率领小队骑兵征服了南美全洲，英国征用一支小军队控制印度百年，除了感叹被征服民族的不幸，我们更为征服者的英勇进取的精神折服，而此刻的班超似乎更为勇猛，三十七人的团队就征服数个国家，亘古未有。

葡萄美酒夜光杯、蓝眼丽人舞诱人，那异域风光的风光扑面而来，让人目不暇接。这全是人们瑰丽美妙的意象；实际上的西域却像一个黑洞一样，充满了危险和未知。

班超在西域为汉朝发展，展示出他一个优秀使者的素质和能力。不长的时间内，他就平定了各国的叛乱，重新打通了"丝绸之路"，让它发挥长足的作用；还于汉永元二年（公元90年）的夏天，击败大月氏（今阿富汗）的强兵，使对方进退无据，只好向班超请罪，与汉朝和好，表示愿意进贡。班超代表东汉先后结交了西域五十多个国家。曾经烽火连天夜不眠的战地，曾经将士不归百战死的疆边，在班超的努力下，终于为玉帛繁华之地，成为一个昌盛的互市贸易基地。班超也因而取得功成封侯的成就。

三十多年的光阴在不知不觉间溜走，在西域为东汉开展广泛外交活动的班超，多年来经历了数次东汉政权的交替。明帝、章帝、和帝继位也已十多年了。大漠的葡萄已酿成美酒喝了一遍又一遍，大漠的丽人也已经红颜凋零长起了一批又一批，班超不再是一条血气方刚的汉子，他已经七十岁了。黄沙依旧，驼铃依旧，只是英雄想回家了。

他是回来了。万民欢腾，班超骑在马上，接受着人们的敬仰与羡慕。老人班超脸上有小孩般的雀跃笑容，他知道，自己某种程度上象征着汉象浩荡，巍巍不倒。不由也想起当年，投笔从戎，只以汉朝使节的名义，多年头顶大漠沧桑的烟尘，抵拒匈奴无数次的车马欺凌，驰骋万里西域，纵横决战……

曹操：一代枭雄，横槊赋诗

曹操（155—220年），字孟德，一名吉利，小字阿瞒，沛国谯县（今安徽亳州）人。东汉末年杰出的政治家、军事家、文学家、书法家，三国中曹魏政权的奠基人。

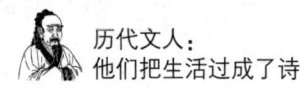

**历代文人：
他们把生活过成了诗**

对酒当歌，人生几何？
譬如朝露，去日苦多。
慨当以慷，忧思难忘。
何以解忧？唯有杜康。
青青子衿，悠悠我心。
但为君故，沉吟至今。
呦呦鹿鸣，食野之苹。
我有嘉宾，鼓瑟吹笙。
明明如月，何时可掇？
忧从中来，不可断绝。
越陌度阡，枉用相存。
契阔谈宴，心念旧恩。
月明星稀，乌鹊南飞，
绕树三匝，何枝可依？
山不厌高，海不厌深。
周公吐哺，天下归心。

（曹操《短歌行》）

建安十三年（公元208年），冬十一月十五日，晴，微风。

对岸那就是让我魂牵梦绕的江南了吧。

哦，还有孙刘联军的大营吧。

第三章
急难坚，勇当先，战犹酣

但是他们为什么不掌灯呢？我只能借着月光看到隐约的船桅。

难道他们还想用黑暗阻挡我百万雄师的脚步吗，可笑不自量啊。

由他去吧！男人的事情就以男人的方式解决！

我自举杯，我自笑。

月在中天，月如水，人如歌。

今日实在太痛快了，几乎要随着那些乐伎的敲击而起舞。

我知道自己不能太失态，我要牢记自己的身份：大汉宰相，此次平定江南最高的主帅。为帅者，威仪第一。

但我分明有些站立不稳了呢。

是我老了吗？自从初平元年（公元 190 年）起事，为朝廷东征西讨，南征北战。到如今已有近二十载了吧？从壮年到知天命，这些年的戎马倥偬似乎过得太快了！看看那些跟了我二十年的亲兵，好像已经都有白发了吧！

老伙计，喝一杯吧！我把手中的金杯递给了他。恍惚中，我看到他那似有些混浊的眼中又闪烁出锐利的光芒。他跪下，双手接过酒杯一饮而尽。

然后，就听见众人高呼"丞相仁德，吾等粉身碎骨无以为报！"

众卿平身，今日孤大宴三军，不必拘礼。

望众将士能以天下为重，勇猛向前，早日平定江东乱党，还百姓太平。我竭力控制自己的心神，还是以宰相的身份给三军训话。

环顾四周，儿郎们站地笔直。我分明看到他们的矛是利的，盾是坚的，信心是满的。往远处望，灯火通明。我的水军大寨紧而有序地排列在宽阔的长江之上。一阵江风吹过，战旗猎猎作响，好一派大战气象！

我真的有些醉了。

论名利，从一个小吏到当朝宰相，一个挟天子以令诸侯的宰相，我

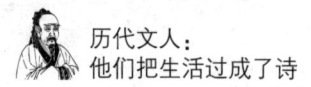
历代文人：
他们把生活过成了诗

实际上已经把汉家江山收入囊中，还有什么不知足吗？

论战绩，我纵横天下，难遇敌手。战黄巾，我把让朝廷寝食不安、屡剿不灭的张氏兄弟彻底打垮，还收编了他们的军队；白门楼一役，击杀天下第一猛将，从此世间再无吕奉先；战寿春，袁术小儿仓皇而逃；官渡一战，袁绍数十万大军灰飞烟灭，河北之地自此为我所有。尔后北征乌桓，稳定后方。旌旗所指，莫不降服，可谓纵横天下。如今又将击破周瑜，踏平江东！人生至此，复有何遗憾！

胸中一阵潮涌，再也按捺不住诗情。

拿酒来，再把孤的长槊抬来，孤要酾酒临江，横槊赋诗。

手握着长槊，我往船舷处走去。一阵风吹来，我打了一个趔趄，差点摔倒。旁边的侍从赶紧过来搀扶，被我一把推开。扫兴！孤随情而歌，子焉能坏我心境！

长槊啊，长槊。还记得当年你我并肩作战的情形吗？当时我年轻，你也气盛。你的身上不知沾满了多少豪杰的鲜血！我敬重他们，从不因为他们失败而有任何鄙夷之情，因为在这个乱世能站出来的都是优秀的男人！

走到甲板边上，我双手横槊，凭临大江，放眼四望，脸上洋溢一股慨然之气。一阵风从东南方向迎面扑来，不禁豪情四溢道："呵！呵呵！好大风！大风起兮！风兮，助我踏平江东！"

二十年的征战，我何曾有一日放下心头之事，放下国家之事。连饮酒这样的平常休闲之事都是一种奢侈的要求啊！但是战争频仍，大业未成，江东一战尤为重要。然而，自己年事渐高，不戚年往，忧世不治。时间啊时间，你果真是不等人的吗？不，我不会被你缚住手脚。我不会因为"人生苦短"就软弱消沉，而会好好利用自己有限的生命，实现自己的抱负。回想二十载征战，也有败退之时。但我从没有因一时失利而

第三章
急难坚，勇当先，战犹酣

彻底崩溃。因为我知道自己不是那样的人。还记得几年前我远征乌桓之时，战事甚为艰苦。大功告成之后，我曾到了东海边。眼望波涛滚滚而又横无际涯的大海，我也曾有过一些彷徨，所谓神龟虽寿，犹有竟时。我自然知道我终将死去，但是大丈夫知其不可而为之，放马过来吧，只要我还在世一天，就会继续跟你争下去。

时间，曹孟德绝不惧汝！

今日既如此欢愉，千斤重担暂且放它一放，且与这杯中的杜康好好亲近一下吧！大战在即，我自知不能贪杯。但我更知道主帅的心态对将士们影响甚大。我绝不能让他们以为自己信心不足，而是要告诉他们：相信你们的统帅，大战对于他来讲已是家常便饭。八十三万将士将他们的生命托付于我，我岂能不慎之又慎！

其实，今日好心情并不仅仅是看到我八十万大军兵强马壮，也不是因为我已破荆州，下江陵，顺流而东也，舳舻千里，旌旗蔽空。而是得意我帐中这一干猛将谋士。要治国平天下就必须要有经天纬地之能人。所谓"千军易得，一将难求"，连马上得天下的汉高祖也不得不高唱："安得猛士兮守四方！"

自起兵以来，我无一日不在收罗人才。如今谋士过百，战将千员，而最让我欣慰的就是他们对我无比地忠心。有臣下如此，人生何求！

我感谢"越陌度阡"远道而来的贤才，没有他们就没有我这些年的累累战果。他们屈尊相从于我，在今日尚能共同站在这长江之上助我，真感到莫大的快慰！可是我知道还有大批贤士尚在歧路徘徊。他们像南飞乌鹊，择木而栖，绕树三匝，还没有最后选定归宿呢！

我渴望天下太平，但太平的天下也需要能人贤士来治理。我求贤之心永无止境，犹如大海不辞涓流，高山不弃土石一样。我以礼贤下士的周公自励，号召天下贤才来归，开创一个"天下归心"的大好局面。如

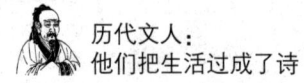

真能如此，百姓幸甚，天下幸甚。

不知不觉，一赋已成，我也走到了船的中央。

我脱下金盔，唤了一声侍卫："拿酒来！"然后把酒注满金盔。

干！我一饮而尽。

将士们欢声雷动。

当其时也，明月，战船，旌旗，美酒……

快哉！快哉！

岑参：飞驰塞北沙如雪

  岑参（约715—770年），唐代边塞诗人，荆州江陵（现湖北江陵），太宗时功臣岑文本重孙，后徙居江陵。岑参工诗，长于七言歌行，代表作是《白雪歌送武判官归京》。现存诗三百六十首。对边塞风光，军旅生活，以及少数民族的文化风俗有亲切的感受，故其边塞诗尤多佳作。风格与高适相近，后人多并称"高岑"。有《岑参集》十卷，已佚。今有《岑嘉州集》七卷（或为八卷）行世，《全唐诗》编诗四卷。

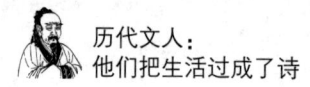

历代文人：
他们把生活过成了诗

北风卷地白草折，胡天八月即飞雪。
忽如一夜春风来，千树万树梨花开。
散入珠帘湿罗幕，狐裘不暖锦衾薄。
将军角弓不得控，都护铁衣冷难着。
瀚海阑干百丈冰，愁云惨淡万里凝。
中军置酒饮归客，胡琴琵琶与羌笛。
纷纷暮雪下辕门，风掣红旗冻不翻。
轮台东门送君去，去时雪满天山路。
山回路转不见君，雪上空留马行处。

（岑参《白雪歌送武判官归京》）

冷，只有冷！

这塞外的天气变化太快了！这时节尚未到重阳，竟已然飘起了如此大的雪花！此时，天地间一片寂静，平常再熟悉不过的军号声也好像被冻僵了一样。

手好像都有点不听使唤了。岑参叹了口气，把正在草拟的文件放在了一边，踱步来到了军帐门口。

好大的雪啊！他出神地望着外面那白茫茫的世界。

也许人的内心总是和外面的世界有些不协调吧。当好朋友在一起聚会的时候，时间过得总是那么快，自己根本没有功夫去想些什么，酒成了大家的主题。但当一个人独处的时候，诸多烦事不由得"才下眉头，

第三章
急难坚，勇当先，战犹酣

又上心头。"

自己原本是南阳人，出身还算不错。父亲岑植任晋州刺史，也算官宦家庭。自己五岁开始读书，九岁时已能写一手漂亮的文章。如果父亲能更长寿一点，就可以向朝廷举荐自己了。但是，十五岁那年父亲不幸去世，家道中落，从此他便随哥哥学习，遍览经史。

文人们啊，始终割舍不掉的就是对君主的那份忠诚和眷恋。

天宝三年（公元744年），已近而立之年的自己考中进士，被朝廷授予兵曹参军一职，好像开始步入一个读书人的正轨。

然而在长安的五年官宦生涯，让自己逐渐看清了一些事情。大唐都城长安好像一个巨大的磁场，所有渴望光荣与梦想的年轻的读书人都会被它吸引，岑参也不能例外。

长安又是一个巨大的超级交易批发市场，在那里读书人将青春与才华无怨无悔地与帝王进行交换。长安城的吏部大堂，三十年批发出了多少顶乌纱帽啊；长安城的雁塔石壁上，三十年又留下了多少进士的题名。自己或许没有去细数，因为你知道，能把自己名字刻上大雁塔的人实在是屈指可数，其余的士子们除了落榜还是落榜，除了失意还是失意！

但是，那些考中了的举子似乎很快就忘记了当初兼济天下的誓言，他们非常快地适应了上层社会的生活方式。夜夜笙歌，眠花宿柳成了他们的家常便饭。人，难道真的可以抛却自己的理想过一辈子吗？他们可以，岑参不可以。

自己开始厌恶官场那些貌似优雅的繁文缛节，你要走出去，到祖国的西北边塞去，那里才会有自己真正的追求。

战争无法让诗人逃开。

黄沙漫漫的边塞沙场，戍边将士的内心世界，对于诗人是无法抗拒的诱惑，诗人是时代的记录者，是戍边将士内心世界的代言人。真正的

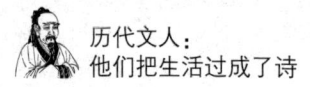
历代文人：
他们把生活过成了诗

诗人岂能对沙场与征战无动于衷？岑参你是真正的诗人，真正的诗人就无法冷眼面对战争。

天宝八年，岑参三十五岁，第一次走出了长安城，走到了塞北。想到自己已过"而立之年"，却还未建功立业，不由心头一紧。"功名只向马上取，真是英雄一丈夫"。从唐都长安到西安，路途遥远，且多戈壁沙漠，旅途之中风沙袭人，有时更进入"平沙万里无人烟"的地方，以至于"今夜不知何处宿"。但自己胸存大志，不畏艰苦，意气风发，一路高歌向安西都护府前进。

短短两年的时间一晃而过。虽然零星地参加过一些小的战斗，但边疆基本没有什么大的战事，自然无大功可建，而且出来的时间太长了，该回去看看那些老朋友了。

哦，这次回到长安，风物又有很大不同了呢。盛唐已然显露出它巍峨的气象，长安城作为帝国的心脏，每天不知要处理多少事情。也许，它已经不只是大唐的首都，而是天下的都城。又逢四海为家日，大唐的天空是湛蓝的，大唐的疆域是辽阔的。遥远的西域古国龟兹再次纳入了大唐的版图，高丽国王向长安派出了称藩的使节，岭南的广州成了大唐节度使的府第，难于上青天的蜀国剑阁古道又由大唐的将士戍守。大街上竟然还有很多金发碧眼的外族在闲庭信步，到处洋溢着繁荣的气息。

但是，自己终究不属于这繁华之地。在天宝十一年秋和杜甫等五人同登慈恩寺塔，留下了文坛一段佳话之后，再次出塞，回到了让你魂牵梦绕的安西。

这些年，自己经常往来于吉木萨尔、轮台、吐鲁番和库车等地，耳闻目睹了边疆战士艰苦的行军、作战生活，也深深感受到大唐的军威。自己深受激励和鼓舞，写下了一篇又一篇诗歌：火山黄云，狂风大雪，飞沙走石，金甲红旗，胡琴羌笛，这些都成了自己的感情依托，正是借

第三章
急难坚，勇当先，战犹酣

助于这些东西，自己才找到了真正的归宿。

就是那些年轻的面孔，为了大唐的盛世，毅然来到这苦寒之地。他们中有的抛却新婚的妻子，有的叩别了年迈的双亲。但是他们没有怨言，风雨无阻地行军、扎营、作战……

一个真正的男人，或许只能在这里找到吧！

秋高马肥的季节，我与他们一起围猎补充给养。飞鹰走狗，辽阔的草原任我驰骋；大雪纷飞的时候，我与他们一起生火取暖，天下奇谈且听我我娓娓道来；战事平静的时候，我与他们谈天助兴，要写家书的来找岑参军；军情紧急的时候，我们并肩作战，就在点兵的时间，大雪已经落满弓刀。"。

他们是粗鲁的，又是可爱的。夜幕降临的时候，自己最喜欢和他们在一起烤火。听着他们一边善意地讥笑自己文弱的身子，一边递给自己加厚的棉袍，心中唯剩下感动。

他们是大唐真正的仪仗队！

他们才是大唐真正的精神！

有幸能成为这仪仗队中的一员，自己深感荣幸，也从来未曾后悔自己远离繁华失去的那些安逸。

还记得自己西行经过玉门关时的情景。

漫天的黄沙遮蔽了夕阳的光线，自己一个人信马由缰，马蹄踏击着地面，好像在和来自远古的声音共和一曲。我拿出长箫，却怎么也发不出声音。难道箫也有感情了吗？难道它也感受到了历史的声音？

站在那断壁残垣边，我轻轻地叩击，真的听到了遥远的绝响。是李广，霍去病，还是那些匈奴人的声音呢？我可以肯定地是，这声音不是呜咽和哀怨，而是强劲的进行曲。

"报！"一个士兵打断了岑参的思绪。

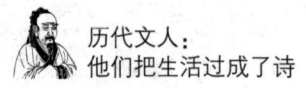
历代文人：
他们把生活过成了诗

"何事？"

"大人，武判官要回京了，都护正在中军大帐设宴，请您去作陪。"

"知道了，你回去禀报，我马上就到。"

我要把塞外的生活告诉武判官，让他转告天下人：

岑参不列天子阙，飞驰塞北沙如雪。

辛弃疾:梦回吹角连营

辛弃疾(1140—1207年),原字坦夫,后改字幼安,号稼轩,山东东路济南府历城县(今济南市历城区遥墙镇四凤闸村)人。南宋豪放派词人、将领,有"词中之龙"之称。与苏轼合称"苏辛",与李清照并称"济南二安"。辛弃疾一生以恢复为志,以功业自许,却命运多舛、备受排挤、壮志难酬,但他恢复中原的爱国信念始终没有动摇,而是把满腔激情和对国家兴亡、民族命运的关切、忧虑,全部寄寓于词作之中。现存词六百多首,有词集《稼轩长短句》等传世。

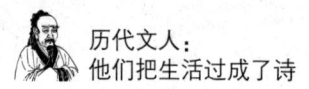
历代文人：
他们把生活过成了诗

独自坐在灯下，心中还是有些遗憾。

我想到白天追到鹭鹚林的时候，眼前布满了积雪的路面，长叹了一口气：自己真的是老了。如果再年轻二十岁，自己一定可以踏着积雪追回陈亮，但事实却是自己已然是快过知天命之年的老人了。

我只能掉转马头了。

陈亮啊，我的老朋友，不知道有生之年你我还能不能再见面。

记得我们上次见面吗？

那时我们都还是热血沸腾的青年呢。那时的我，提得动刀，拉得开弓，带领着队伍四处与金兵作战。

那时的你，素来以抨击朝中权贵著称。两个血气方刚的年轻人凑在了一起，自然少不了壮志抒怀。可惜的是，短暂的相聚之后我们不得不匆匆道别，这一别就是十余载啊。

感谢你，在我赋闲在家的时候，你能远道而来看我。你知道吗，这刚刚过去的十天，是我自归隐后八年中最快乐的日子。

怎么能忘记，我们同游鹅湖，同饮瓢泉；怎么能忘记，我们长歌相答，纵论世事；怎么能忘记，我们抵足而眠，布局天下。

你我都已不再年轻，但心却还是那样躁动不安。

不管怎么说，我已经在家赋闲了八年。这八年来，我虽然没有机会得到朝廷的征召，但是我一刻也不曾放松对于时局的关注。南宋和金国已经形成了隔江而对的局面，谁也不敢轻易越过对方的防线。

战事似乎不是那么紧急了。

第三章
急难坚，勇当先，战犹酣

但我知道，这一切都只是假象而已，金国未曾有一日消除吞并我南宋的决心。可惜朝中那些权贵整天只贪图眼前片刻得安逸，对金国一让再让。用百姓们明天的身家性命换取他们今天吃喝玩乐的时间，实在让人心痛啊。

俗话说，人老了就喜欢会意。确实如此。

近几年来，我总是想到当年的戎马生涯，想到战场杀敌，想到当初我们在一起指点江山。

我总是会想起幼年时，老师刘瞻问我的那个问题。

那时候我和党怀英两人是老师最得意的学生。有一次，老师问我们两人道："孔子曾经要学生谈各人的志向，我也问问你们将来准备干什么？"党怀英回答说："读书为了做官，为了取得功名，光宗耀祖。我一定要到朝廷里去做大官；如果做不了官，就回家隐居，学老师的样子写田园诗。"

老师摇了摇头，含笑看着我。

我脱口而出："我不想做官，我要用词写尽天下的赋，用剑杀尽天下的贼！"

我只记得，老师的眼角有些湿润了，原来老师也是会哭的。

此后，我未有一日敢忘记在老师面前许下的诺言，时刻提醒自己要报效国家。

我做到了，我的青春挥洒在抗金大业上。老师没有看错人，那个让他摇头、想做大官的党怀英则混迹于金人统治集团，为金人做了一些帮闲乃至帮凶的工作。

还有一件让我颇为满意之事，就是二十三岁那年击杀叛徒张安国的一事！

还记得，那时候我原本在耿京帐下任职掌书记。后来我受朝廷征召，汇报战事进展情况。但当我回来的时候，属下的士兵禀报说张安国那个

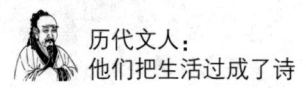
历代文人：
他们把生活过成了诗

叛徒杀了耿京节度使，投奔金国了。

这还了得！我马上抽选了50名精兵，组成一支骑兵队，在一个月黑风高的夜晚从海州直向济州扑去。在马上飞奔的时候，我分明能感到队伍势如潮水一般汹涌起伏。

当接近叛徒的大营的时候，我一声令下，散列队形迅速地集中收缩，这一收缩阵线，那狂奔如雷的战阵的气势越来越凌人，带着令人窒息的压力，令人相信若是前方有人挡路，定会被这支铁骑撕个粉碎。

我们终于和叛军接触了。当两军硬生生撞击在一起的时候，敌方要保命突围，我们立誓要为耿节度使报仇，这一场厮杀堪称惨烈。我清晰地记得，我方一个士兵刚将敌人挑落马下，还没来得及欢呼一声就被身后的弩箭给射倒了。

然而，我们还是很快突破了他们的防线，冲到了张安国的大帐里面。早有士兵将他捆住扔到了马上。

"弟兄们，张安国是个叛徒，大家还是跟我回去吧！"我大声招呼那些被张安国欺骗的士兵们。不一会儿，一万人的大军跟随我迅速而有序地向南撤退了。

那年，我才二十三岁。

那些烽火连天的岁月啊！

多少次，梦里回到战场上。

大战结束，我被亲卫簇拥在当中，缓缓向四周望去，只见周围的兵士们，早已是人困马乏，面带倦容。他们身上的战甲已经破碎不堪，殷红的鲜血渗透将白色的里衬染成了红色，让人分不清哪里是血，哪里是战袍的本色。弓箭早已折断，钢刀也已经砍钝，但是每个人的脸上都显露出刀刻般的坚毅，让我心头一热。我深深呼吸了一口春日微凉的空气，空气中除了泥土的芳香和青草的气息之外，就只有浓浓的血腥气息。

第三章
急难坚，勇当先，战犹酣

沙场的岁月竟如此迷人，让人难以忘怀。

我不是战争狂人，战争的真正目的恰恰是和平。但现在的真实情况却是如果我们不去打仗，就会变成亡国奴了。大丈夫在世，上不能全社稷，以报君父之恩，下不能护妻子，至令其血染衣衫，尚有何颜面苟活于世。

所以梦一旦醒来，触到的还是那已经沾满了灰尘的剑鞘。

有时候真的是感到自己太疲倦了，这些年来，几乎是以拼尽全身的力气大呼主战。面对那些源源不断的投降派，我未有一刻退缩过，几乎是硬生生地磨去了自己的棱角和斗志。

这一切，我无怨无悔。因为，我是在为自己的理想和诺言而战斗。纵然不能纵横沙场，我依然在我的战场上。

当年那个为赋新词强说愁的少年如今已是两鬓微霜，从爱上层楼到如今见一叶而知秋，时间教会了我很多东西，其中很重要的就是如何品味人生的真正滋味：生活可以是一时拼杀的痛快，也可以是当你坐在火炉旁静思往事之时的温暖。这并不是消极遁世，而是世界本来如此。

就像我的词，它是用笔和墨写成的，更是用刀和剑刻出来的。两者缺一不可。

陈亮阿，老朋友，我要寄给你一首新词呢。

千峰云起，骤雨一霎儿价。更远树斜阳风景，怎生图画！青旗卖酒，山那畔别有人家。只消山水光中，无事过这一夏。午睡醒时，松窗竹户。万千潇洒。野鸟飞来，又是一般闲暇。却怪白鸥，觑着人欲下未下。归盟都在，新来莫是，别有说话。
（辛弃疾《丑女儿近》）

你明白吗？

郑和：海上称霸，定格大明荣光

郑和（1371—1433年），明朝太监，原姓马，名和，小名三宝，又作三保，云南昆阳（今晋宁昆阳街道）宝山乡知代村人。中国明朝航海家、外交家。1405到1433年，郑和七下西洋，完成了人类历史上伟大的壮举，宣德八年（1433年）四月，郑和在印度西海岸古里国去世，赐葬南京牛首山。

第三章
急难坚，勇当先，战犹酣

印度洋的万顷波涛在西南风的吹拂下，泛着排排雪白的浪花涌向船队。船体倾斜，明朝国旗日月旗就疯狂地扭动着身子，发出声嘶力竭的呼喇喇的响声。郑和就伫立在甲板上，指挥若定，继续前行，他坚毅的目光中带着微笑，他对随从说："大海奈何不了我们，这反而是我们从未有过的体验"。

是啊，除了自己，谁和海洋真正打过交道？作为古今第一下西洋之人，跟公元二世纪张骞出使西域一样，为中国凿开了一个过去很少人知道的混沌而广大的天地，这将是多么大的荣誉！海洋之上，洪涛接天，巨浪如山，只有自己能够目睹并体会海洋的风情，她的温柔，她的粗野。这给予自己从未有过的激情，挥斥舟楫，指点西洋。

与海洋斗争，快乐无穷。尽管海水打湿了自己的衣裳，沾在身上黏黏的，也是一种愉悦。

听着海风呼啸，看着波涛汹涌，往事随片片浪花卷向眼前，以前的心酸和现在形成强烈的对比。

郑和本姓马，小字三保，自己有一个烟火的童年，又是战争无辜的牺牲品，在由朱元璋下令、傅友德担任指挥的云南之役中，年仅十一岁的郑和被明军掳获阉割，做了军中的"秀童"。后来被选送到北京燕王朱棣的府邸服役。

在富丽堂皇的殿宇中，有谁会明了一个十来岁孩童内心的世界，也许他自小熟稔的"天将降大任于斯人"的古训成了他生存奋发的信仰，尽管为奴，尽管身为阉宦，但他跟随朱棣出生入死，屡建战功，及至对

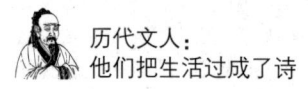
历代文人：
他们把生活过成了诗

他委以重任——出使西洋。

提到宦官，世人通常有些鄙夷，的确历史上不少留名的宦官都是污点人物，身体残疾，心理阴霾，奸猾乱政，为人不齿，然而，历史不能一概而论。郑和无疑证明了这一点。

郑和离京赴码头之日，朱棣像武帝送张骞出使西域一样，走下龙椅，君臣依依话别，最后千言万语化作一句"朕等你回来。"皇帝对自己是如此看重！宣扬我大明威武就靠我一个人了！

素有"天下第一港"之称的江苏太仓刘家港码头沸腾了。港口四面桅樯如林，人头攒动，锣鼓震天，一改平日静谧。在一艘昂首翘尾、漆成棕黑色的宝船上，一位器宇轩昂的壮年男子静静地凝视着那一片海。那里将是他未来的旅途，是他必须面对和打拼的地方，离开陆地，远涉西洋，自己充满了新奇与激动，波浪滔天，冲击自己的船头，那将是一个惊险的过程，但是他的目光里透着坚毅。

东北季风吹起，郑和号令将云帆张起，他一挥手臂，船队启航。他率领着世界上第一支由两百余艘舰船和两万七千八百多名官兵组成的庞大船队向未知的海洋出发了，这将是一次史无前例的远洋航行，也是海洋上第一次出现的庞大的船队，浩浩荡荡，迤逦南行。

第一次出海，郑和带着他的百艘战舰以及万名官兵，到了占城、爪哇、旧港、苏门答腊、满剌加、古里、锡兰等国家。如此庞大船队若庞然大物，足可称霸沿海各国，但是郑和下西洋的宗旨却是和平外交。每到一个国家，先把明成祖的信递交国王，并且把带着的大批金银财物当作礼物送给他们，希望同他们友好交往。许多国家从来没有见过这么庞大的船队，郑和的态度又友好，并不是来威吓他们，都热情地接待他。

西洋各国国王趁郑和回国，也都派了使者带着礼物跟着他一起回访。在出使的路上，虽然遇到几次惊涛骇浪，但是都平安无事。郑和想，回

第三章
急难坚，勇当先，战犹酣

去要把海洋上的事情告诉朝中，他们一定会觉得新鲜有趣。只是在船队回国、经过一个海岛时候，却遇到了一件麻烦事。

此地有个海盗头陈祖义。他占据了其中的一个海岛，纠集了一支海盗队伍，专门抢劫过往客商的财物。听到郑和船队带着大批宝物经过，就和同伙计议，表面上准备迎接，实际上是要动手抢劫。

这个计谋被一个当地人得知，他偷偷去告诉了郑和。

郑和把他请入船舱，听说之后豪爽一笑："我有二万兵士，还怕他小小海盗？既然他要来偷袭，就非得给他些教训不可。"他随即令大船散开，在海港口停泊下来。船上的兵士也都准备好火药、刀枪，准备收拾海盗。

夜幕来临，海平浪静，陈祖义带领一群海盗乘着几十艘小船直驶港口，准备偷袭。抬头却见一个人在船头踱步，怡然自得，等看见他们时候没有一丝的惊慌与喊叫。

不错，这个人就是郑和，他手执白扇，问道："来者何人？胆敢冒犯！"

陈祖义不搭话就要冲上船板，只听到郑和座船上一声火炮响，周围的大船都驶拢来，把陈祖义的海盗船围住。郑和踱步至船头，这期间明军已经把陈祖义杀得大败。大船上的兵士丢下火把，海盗船就被烧着了。郑和立于船头，微笑问："陈祖义，我两下就把你打败了，你投不投降？"陈祖义想逃也逃不了，连忙拜倒船头，做了俘虏。

这段生机盎然的航海片段以及这个海上称霸图将大明王朝的无限荣光定格在了郑和的威严之中，定格在了波澜壮阔的历史画卷之中。

在郑和之前，无论是在历史上还是在世界上，没有一个人甚至一个使团能够在海洋的探索上超越他和他率领的天朝舰队。云帆高张，纵横海洋，波涛见了也低头，平海盗，和诸番，他把大明王朝一系列刚柔并济的外交政策铸就成一种海洋辉煌，如同太阳那夺目的光彩，在历史上

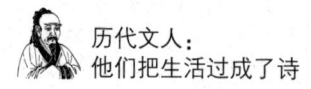
历代文人：
他们把生活过成了诗

闪耀着永恒的璀璨。他回国之后，码头都是拥挤的接待人员，说不定哪一次还有皇帝，自己登陆那一刻，人群会再次欢呼，久久不能平静，千年来谁会有如此荣誉？还有谁比他更值得骄傲与自豪呢？

而海面上的海风呼啸，像是在问，是谁，带着大明王朝的庞大舰队，乘风破浪，把辉煌的中华文明撒播在沧海彼岸；又是谁，继承先人探索的精神，穿越海风吹拂的繁华与苍凉，在蔚蓝色的海域中开辟出一条海上丝绸之路。

是郑和！指点海洋，激扬人生！

如果将郑和与世界大航海时代的几位西方著名航海家的航海规模相比，则中西高下立见。公元1492年，八十七年后，哥伦布才开始航海，帆船仅三艘，最大的排水量不足二百五十吨，水手约八十八名；公元1497年，九十二年后，达伽马才航海，船也不过四艘，最大排水量一百二十吨，船员约一百六十名；公元1519年，一百一十四年后，麦哲伦才环球航海，船也就五艘，最大排水量一百三十吨。郑和的船队才有真正的浩荡与气势。船队排开，绵延数里，他率领规模空前的舰队在蔚蓝色的海域中叱咤风云长达二十八年之久，区别于西方航海的掠夺和杀戮，郑和则传播着文化与和平，与千年前同样被施以宫刑的司马迁被后人并称为"国史之光"。

六百多年前的帆影已消失，六百多年前的波涛仍澎湃，万里海路依然见证着郑和的魄力与意志，气势宏大，与澎湃波涛搏击，这是何等的人生乐事。

于谦：要留清白在人间

于谦（1398—1457年），字廷益，号节庵，明朝名臣，杭州府钱塘县（今浙江省杭州市上城区）人，著有《于忠肃集》，《明史》称赞其"忠心义烈，与日月争光"。与岳飞、张煌言并称"西湖三杰"。

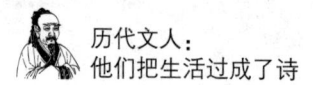
历代文人：
他们把生活过成了诗

英雄写诗明志，诗与英雄一同名垂千古。

于谦就和"千锤万击出深山，烈火焚烧若等闲。粉骨碎身全不怕，要留清白在人间"一起清白人间了。

作为一名文弱书生，于谦是借着明正统十四年（公元1449年）的"土木堡之变"走上中国历史舞台的。就在那一年，英宗皇帝朱祁镇被瓦剌部落的也先俘虏。面对这一场惊魂事件，朝内群臣们都乱了方寸，只是"相看泪眼，竟无语凝噎"，谁也不能想出一条良策，有些大臣甚至提出要迁都南京，以避灾祸。幸亏时任兵部侍郎代理部事的于谦坚决反对，并主张马上召集军队，誓死保卫京师。

他首先拥立郕王朱祁钰为皇帝，即是景帝，从而统一了朝政号令，使得动乱的局面渐渐稳定。于是于谦作为兵部尚书，开始着手北京的防卫工作。他征集粮饷，任用贤能的将领，增强城防。总之，在于谦的筹划下，逐步形成了一个依城为营，以战为守，分调援军，内外夹击的作战部署，一切准备就绪，只待与瓦剌军决战于北京城下。

北京城准备好了，于谦也准备好了。而也先怀揣的却是另一番心思，他以为朱祁镇奇货可居，于是用要挟的手段逼明朝议和，看看宋朝的历史就会知道，被动议和意味着什么，就是受制于人，就是要年年给人家好处。于谦看透也先的野心，于是一句"社稷为重，君为轻"，孟子的话经于谦之口，是掷地有声，粉碎了也先的白日梦，也为自己种下了灾祸。

也先无计可施，决定对北京进行大举进攻。面对瓦剌的大兵压境，于谦身先士卒，身披甲胄，临阵督战。并下令将九门全部关闭，规定："临

第三章
急难坚，勇当先，战犹酣

阵将不顾军先退者，斩其将；军不顾将先退者，后队斩前队。"他以忠义报国的道理晓谕众将士，泪流满面，慷慨激昂，士兵士气高涨，誓与北京共存亡。

北京城头，一时意气风发。

结果可想而知，也先敢犯"强汉"，虽不至于"虽远必诛"的地步，但也在大明军民的共同抵御下，落得个惨败的下场。他带领军队，挟着明英宗仓皇出逃，于谦派兵追击，结果途中又大败瓦剌。是为"北京保卫战"。

北京保卫战，在明朝历史上乃至中国历史上都占有重要的地位。它不仅确保了都城北京的安全，避免了宋朝南渡悲剧的再次发生，也粉碎了也先图谋中原的企图，此后蒙古很难再次组织起大规模的武力入侵行动。同时，北京作为抵抗蒙古的最为重要的堡垒依然发挥着重要的作用，并形成了以北京为中心，以宣府、大同、居庸关为屏障的整体防御体系，有效地抵御了蒙古军队的侵扰，确保了内地人民正常的生产、生活。

这一切不能不说是于谦的功劳，他乃一介书生，竟能在国家危难之际，挺身而出，且能"挽狂澜于既倒"，从中可见中国读书人的绝好品质，有此精忠报国之人，国家何愁不兴旺发达。

于谦也是踌躇满志，实现书生的修身、齐家、治国、平天下，以天下己任，只是他只猜对了开头，却猜不着结局。世事终究难料，风云突变间，已换了人间。于谦，这一代文臣，却以不世之功，死在王朝政治的刀锋之下。

这是后话。

在英宗朱祁镇被俘一年之后，"北京保卫战"也先的失败，使得他失去了利用价值，成了也先的一个包袱，于是迫不及待地想将其送还。

这就遭遇一个尴尬局面，如果朱祁镇回来，这朱祁钰哪里放。宋朝

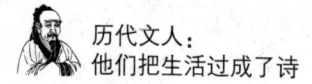

的高宗赵构想到了这一点，因此岳飞没能迎回徽钦二宗，反送了自己的性命。此时朱祁钰也面临了这一抉择，但他毕竟不是赵构，在大臣们坚持要迎回英宗时，于谦说："天位已定，宁复有他！固理当速奉迎，万一彼果怀诈，我有词矣。"因此景帝疑虑顿消，其实于谦对迎回景帝朱祁镇是否会夺皇位的问题并不是十分关心，他说"社稷为重，君为轻"的意思就是谁当皇帝都一样，只要对天下社稷有益就可以。因此他对朱祁镇被迎回之后的政治斗争显得很平淡。

可惜的是虽然于谦不关心当朝的政治争斗，但是其他人的权力意识很强，朱祁镇回到皇宫后被软禁在南宫，这前后的落差也确实让人难以承受，待时机成熟时，他还是从那位同父异母的弟弟那里夺回了皇位，这就是明朝历史上的"夺门之变"。于谦还没来得及对这件大事做出反应，就已经被朱祁镇下令逮捕，不久这位功臣以谋逆罪被处以极刑，于谦的党人也一一被杀、谪戍、罢官。

于谦去了，在山明水秀的杭州西湖西南岸的三台山下沉睡，把一身清白留在青山绿水间，睡梦中也许还在京城之巅布置城防，高呼杀敌吧。

第四章　梦之所向，唯爱不负

爱和自由，是人生的终极追求，而爱是铠甲，亦是人心的软肋。沧逝的流年里，唯携一份平淡，融一份坦然，无所畏惧，坚守初心，才能守一人偕老。

司马相如：凤求凰，美姻缘

司马相如（前179—前118年），字长卿，汉族，蜀郡成都人，西汉辞赋家，中国文化史文学史上杰出的代表。有明显的道家思想与神仙色彩。

第四章
梦之所向,唯爱不负

司马相如和卓文君的故事,是从司马相如被邀入卓家做客,于卓家大厅弹唱那首后世著名的《凤求凰》开始的:"凤兮凤兮归故乡,游遨四海求其凰,有一艳女在此堂,室迩人遐毒我肠,何由交接为鸳鸯。"这种大胆、直接、热烈的措辞,自然使得窗后卓文君心动不已。卓文君面如芙蓉般美丽动人,又通晓琴棋书画。十七岁出嫁,遗憾的是不久便因丈夫死亡重回娘家过一个人的生活。面对春芽夏花,自然是感物伤人,凄凉涌上心头。

但闻相如又歌曰:

凰兮凰兮从我栖,得托孳尾永为妃。
交情通意心和谐,中夜相从知者谁?
双翼俱起翻高飞,无感我思使余悲。

这一曲相如更加大胆,已有约文君私奔之意,在那屏风后面,鬓影钗光,桃花旖旎,文君的身躯轻轻颤动,闻弦歌而知雅意。文君知道,两人心有灵犀,自己命中注定的他就在眼前。相如的这曲《凤求凰》,已经深深打动了文君的心。

然而卓文君毕竟是勇敢的,当她认定司马相如就是她要苦苦寻找的那个终生伴侣时,她再也顾不及世人的眼光和卓王孙的反对。嫌贫爱富的卓王孙当然不会将自己唯一的女儿嫁给宦游不达的司马相如的,面对女儿屡屡出格的举动,她只好将文君关在屋子里,不准其踏出屋门半步。在痛苦的折磨下,司马相如和卓文君最终决定私奔。那年夏天,一个漆黑的夜晚,当所有人开始熟睡时,他们两人却悄悄溜出了临邛,直奔蜀

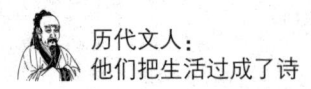
历代文人：
他们把生活过成了诗

郡而去。把个卓老头儿气得七窍生烟，发誓分文不给，从此不认女儿。

逃亡也许是充满激情和无所畏惧的，同时也是缺乏考虑的。直至来到蜀郡司马相如的家中，面对着那四面空荡荡的墙壁时，他们才发现摆在他们面前的生活的严峻。司马相如有些后悔了，他怎么能让自己心爱的人一起吃苦呢？看到面露难色的相如，文君心里什么都明白了，但是她却一点也不后悔，这时她又一次给了相如生活的勇气。既然这个社会难用辞赋觅得知遇，那么家庭的重担只能靠做生意来担起了。

于是卓文君和司马相如的小酒馆就这样开张了，当街搭起一个小凉棚，卓文君就在棚下亲自为客人们沽酒。看着自己美丽的新婚妻子，用还略显生涩的嗓音招徕顾客，然后从酒坛里打出一勺勺待沽的白酒，司马相如不由得凝视良久，泪湿春衫。

司马相如也放下了文人的架子，穿上粗布衣服，就在小店里当起了伙计。

卓老头自是羞愧难当，曾经数日不出家门，后来亲戚朋友都来相劝，言曰司马长卿虽贫，然其文采却也冠天下，况且当时又是自己主动邀请司马相如做客，而文君现已失身于司马相如，都已经是一家人了，又何必相辱如此。这卓王孙也动了爱女之心。文君毕竟是自己最钟爱的女儿，从小就是要星星不给月亮，眼见爱女落魄如此，又怎能不动恻隐之心。于是卓王孙终于原谅了女儿的莽撞，给与僮仆百人，钱百万。文君与相如回到成都购置房产车马，从此成了成都富豪。

闹市当垆，司马相如与卓文君的所为确实出人意料。不过二人坦荡荡自在欢腾。这两个人行的妙事，千年之后依然让人莞尔。

有道是时来运转，天道好还，司马相如的一首《子虚赋》终于到了武帝手里。天子连称奇才，于是朱衣点头，朝为田舍郎，暮登天子堂。司马相如从此青云不坠，还帮助武帝征服了夜郎（今贵州省）与西南夷（今四川西南和云南省）。驷马高车衣锦还乡之时，更是昂昂然驶过，快意十足。

曹植：才高八斗，深爱千年

曹植（192—232年），字子建，沛国谯（今安徽省亳州市）人，出生于东阳武，是曹操与武宣卞皇后所生第三子，生前曾为陈王，去世后谥号"思"，因此又称陈思王。三国时期曹魏著名文学家，建安文学的代表人物，其代表作有《洛神赋》《白马篇》《七哀诗》等。

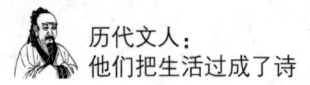历代文人：
他们把生活过成了诗

进京朝见的曹植出京不久，夜息洛水。

初秋时节，风轻月白，洛水如一条银带般绕驿而过。

洛神，华美而矜持。她如玉树临风立在烟云河旁，凝望千年：翩若惊鸿，娇若游龙。近似雕塑，却有脉搏和呼吸，挂着千年不枯的吟笑和娇嗔。她那离合的神光里，寻觅是不变的主题。曹子建轻身爽步，漫步在河畔的另一端头，眉宇间一股浩渺之情盈余出来：英华绝代，舍我其谁？揽之神入怀，携之情沁心，清风明朗，舒舒展展。

风吹窗动，诗人一翻身，在如水夜凉中醒来，触手无物。是梦吗？梦中记得见到一个她——洛水之神，难道梦中之人的她在水里了？他极快地步出驿馆，来到江边。

子建想：自打上次在梦中离别，杳无音讯——出了什么事不成了？天庭有了变故？她在冷淡我？疏远的表示？还是我的多虑？我心喜欢她的淑美之仪，苦于没有佳媒可以续接良缘啊！

欢乐愈是炽热，潜伏在欢乐中的哀伤也愈是纯粹。哀伤愈是深刻，爱情深处的欢乐也愈具有号召力。哀伤和欢乐交融，才是爱情的至境。

就这样，呆呆地站着，思念远方的人。

忽而，爱人心通，恍惚中洛神来到流淌了千年的爱情河流的对面，凌波微步，罗袜生尘，翩然而至。

"公子，何许人也？"洛神微屈身以礼。

"亳州曹植是也。"一袭白衣，子建躬身回应，头巾丝带而随风飘起。

"敢问姑娘芳名？"子建目光炯炯。洛神手捏丝巾，面羞嫣红，低

第四章
梦之所向,唯爱不负

头不语。

子建收目再望,只见"披罗衣之璀粲兮,珥瑶碧之华琚。戴金翠之首饰,缀明珠以耀躯。践远游之文履,曳雾绡之轻裾。微幽兰之芳蔼兮,步踟蹰于山隅。"

真是梨花带雨却又巧笑嫣然。

两人目光靠在一起,无语相看。天地突然缩小,缩小得仿佛只剩下他们两个,甚至连此刻隔身洛水也不复存在了,也许苍天对于才子和美人从来都是慷慨的。情到深处是无言,这是爱情的最高境界了吧。

子建本是多情郎,他生来全然是一个诗人,他生来便是一个可与之天长地久的那种爱人。

秋日的空气凝结得像新酿的蜂蜜,又甜又腻,凉风从殿角灌了进来,罗裳飘拂带来些许凉意。而此刻的子建,看着这个他愿意以所有来换取的女人,已然沉浸在温柔的梦里。

骏马秋风冀北,杏花春雨江南——世间的至善至美,忽然呈于眼前,却知并非梦幻。

不忍唤醒梦中的子建,可子建呀,你要离开这温暖的梦。

洛河水流,日影迟迟,转眼间黄昏也就到了。

"子建,今晚我要与你赌酒,看到底谁先醉。"洛神娇媚地一笑。这是一个美丽的题目。子建醉了。

"我是眼醉心醉,非关酒力。"

他揽着她说,"我还记得,那一晚,在梦中见到你,仿佛也是这光景。"

从第一次相遇至今,一日又一日想,一休又一休念。从清早到晚间,她的影子就这样寸步不离。

他们缠绵而挣扎着。

"子建,对正我,让我再细细地看你一会儿。我怕相隔久了,会想

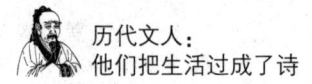

不起你的面貌来。"洛神的眼里汪汪欲水。

"我也这样怕呢,"他说,"我不会再为任何女人动情。"

"我明白你,子建"怔怔地看着他,只感凄楚如骨,晶莹的泪从芙蓉面上滑落,有如清晨花瓣沾着的露珠。一夜未眠。

看着他艰难地移动脚步,沉重如铁人。

"子建!"她突然叫起来。他吃惊回头,惶惑地等待着。明年,"她急促地说,"明年你再来,也许天庭会答应我再出来的。"

"好,我等你。"外面已经传来世俗的喧嚣。他咬咬牙,转身要走,却挪不开脚。

"上穷碧落,下尽黄泉,我会永远追随你。"她的眼里闪着清澈而坚定的光芒,依稀记得子建那清秀瘦削的脸,温柔而稚气的眼睛,深情而沉醉的笑容。

咫尺天涯。

他就在苦恋中,许多不朽的诗篇却在酒精滋养着的心底开花结子了。每每信步水边,凝视水中的月影,恍然间银光旋动,出现一凌波微步的女子。曹植全然怔住了,那浅笑,薄羞,轻愁,极欢,眼神,姿态⋯⋯不正是朝思暮想的洛神吗?

听说天下的水都是相通的,那么这朝夕相见的洛水东流,或许能通临缁?如此,魂魄岂不就可以随意所之?这个念头使她兴奋。

她要追随他了,永远。

涟漪荡开,愈散愈远,不久归于寂天。只余滔滔洛水,从古到今,年年东流。

今夜,依旧无眠。曹植索性挑亮残灯,独坐冥想。风雨助兴中,旋笔而就千古传诵的不朽之作《洛神赋》。

诗人崇尚于此——奇迹和梦想,这个使他迷惑的奇迹和令他陶醉的

第四章
梦之所向,唯爱不负

梦想让他到了语言的源泉旁。天纵其才,曹子建以其从不黯淡的信心,汲取那些吻合诗人想象出来的一切奇迹和梦想的词语。由情至美,二者融合赋诗成篇。在一次幸运的梦的漫游之后从而还充满希望之际,诗人到达了他的爱情女神那里,他把遥远的梦想和奇迹带到生命的河畔,期待着洛神的降临。

一个是美貌、高贵典雅、聪慧、善解人意的女神,一个人间旷世奇才,两者相遇,金风玉露,天上人间。人的修养对称神的矜持,矜持中又不失浪漫,浪漫中还带着自持,自持中见真情。文人的魄力,竟把虚幻梦境的一角变成了人人心中的向往的爱情圣地。每每理会古人对神奇事端做出的想象,说不定,这种想象蕴含着更深层的真实。似乎感情有点波折才见真情,大海有点波澜才见壮阔。又何必可惜?昙花一现的惊艳,只要出现一次已经可以。

荒芜的本身就是一种保留。

因为静默,你永远不会了解它蕴藏了怎样深沉如海的情感啊!

李清照：任是无情也动人

　　李清照（1084—1155年），号易安居士，齐州章丘（今山东章丘）人。宋代女词人，婉约词派代表，有"千古第一才女"之称，出生于书香门第，早期生活优裕，出嫁后与夫赵明诚共同致力于书画金石的搜集整理。金兵入据中原时，流寓南方，境遇孤苦。其词，前期多写其悠闲生活，后期多悲叹身世，情调感伤。著有《易安居士文集》《易安词》，后人有《漱玉词》辑本。

第四章
梦之所向,唯爱不负

> 常记溪亭日暮,沉醉不知归路。
> 兴尽晚回舟,误入藕花深处。
> 争渡,争渡,惊起一滩鸥鹭。

那一年的百脉湖,莲花灼灼的深处有一叶扁舟摇荡,舟上是游兴未尽的少年才女姐妹,从迷途中找寻出路的焦灼心情,把停栖洲渚上的水鸟都吓飞了,而吟诗的少女一脸的妩媚。

官宦人家的千金小姐,秀发香面,面如花玉。她躺在闺房中,或者傻傻地看着沉香袅袅,或者与侍女斗一会儿嘴。李清照享受着舒适的生活,并得到文化的教育,这在千年封建社会中并不奇怪。令人惊奇的是,李清照并没有按常规初识文字,娴熟针绣,然后就等待出嫁。她饱览着父亲的藏书,她跟随父亲学作诗,文化的汁液将她浇灌得不但外美如花,而且内秀如竹,十六岁那年,《如梦令》出,整个汴京都在争相转述。

> 昨夜雨疏风聚。浓睡不消残酒。试问卷帘人,却道"海棠依旧"。知否,知否?应是绿肥红瘦。

芳春时分,名花正好,偏那风雨就来逼迫了,心绪如潮,不得入睡,只有借酒消愁。酒吃得多了,觉也睡得浓了。结果一觉醒来,天已大亮。但昨夜之心情,却已如隔胸,所以一起身便要询问:我昨夜做了什么?她启户卷帘问侍女:"海棠花怎么样了?"侍女笑回:"一夜风雨,海

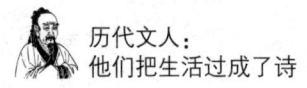
历代文人：
他们把生活过成了诗

棠一点儿没变！"女主人听了嗔道："傻瓜，你可知道那海棠花丛已是红的见少，绿的见多呢！"

可以喝到酩酊大醉，可以用柔美隽丽的诗词写着美好的人生。不久之后她的美好人生又更上一层楼，为我们留下了一部爱情经典。她的爱情并不是经历千难万阻之后才享受到甜蜜，而是一开始就跌在蜜罐里。

是蓄谋已久的造访呢？还是姻缘促就的偶遇？我们无须太多疑问，只是那天那个男人站在门外轻轻叩响那扇木门。他是博雅沉稳的太学生，是金石收藏家，是世人眼中的少年英才，是映进清照眸里陌生青年的脸。出于及笄女子对生人的避畏，院内嬉耍的清照慌忙跃下秋千，来不及整理被汗浸透的衣衫，来不及捋弄被风吹散的发丝，一路怯怯闪过回廊去。只是那个俊朗少年的身影惹得清照的心频频回望。终于，隐没入一树青梅后清照微微转了头，从那些枝叶的罅隙，她瞥见少年的脸。而此时门外的赵明诚，也被清照小鹿般地撞入眼帘。那些碎步羞怯的游走，恰如爱的微撼，让他的心走向这个才情不俗的女子。

夫婿赵明诚，两人可谓情投意合。赵明诚的父亲也在朝为官，两家门当户对。更难得的是他们二人除文学的雅兴外，还有事业结合点——金石研究。在封建时代的父母之意婚姻下，二人能有这样的爱情，真是天赐良缘了。

中国文学史上，陆游与表妹唐婉留下爱的悲伤，李清照最初的爱情则为我们留下了爱的甜美。"共赏金尊沉绿蚁，莫辞赋，此花不与群花同"，清照颇带几分调皮地嬉笑于花枝花簇间与夫君耍玩的缠绵闯入我们的眼帘。

两人的生活如同青梅隙间碎落一地的明明灭灭的阳光，直白的幸福美好。因了清照的脱俗与明诚的不凡。

这是李清照人生前半场的美好时光，这种幸福有多少人赶得上？

第四章
梦之所向，唯爱不负

而后半场不忍细读。

不忍读只能假装后半场的幸福。倘若李清照不拥有词人之名，倘若她不曾遭遇赵明诚，倘若……只是说倘若，她的后半场还会有那么多的哀伤吗？

古代女子都被认定为无才便是德。倘若李清照不识平仄，不闻韵律，只拥有平凡女子的灵魂，只有愚昧的喜乐，简单地对镜梳妆，插上新鲜的花朵，青铜镜里夫君怜爱的容颜。会不会收获平庸的快乐？如果"倘若"可以成真，我们都情愿做这样的假设。

宋代的的女子沉鱼落雁的是男人瞳眸里深深浅浅的裙裾，闭月羞花的是男人嗅里影影绰绰的脂粉。她们不问世事不做反抗，留在文人的诗词中美艳动人。

然而李清照是个不平凡的女子。不幸的事件接踵而来——父亲李格非因"元佑党争"远谪边郊，公公赵挺之非但见死不救，甚至还有落井下石之嫌，他对年幼的儿媳的态度，也如日落西下转变。在那个父为子纲的时代里，这自然也连带影响了赵明诚对自己娇妻的态度。赵明诚是无意为爱而抛弃一切，甚至想要保住乃至升迁自己的职位。于是她只有远避娘家。而紧接着王朝灭亡。

时代的变迁不只让她这样去轻松地写一点闺怨闲愁，感情生活的痛苦与民族的灾难带来的纷繁愁绪令她一步步地迈上了最高文学的圣殿。茫然地行走在杭州深秋的落叶黄花中，吟出这首浓缩了她一生和全身心痛楚的《声声慢》：

> 寻寻觅觅，冷冷清清，凄凄惨惨戚戚。
> 乍暖还寒时候，最难将息。
> 三杯两盏淡酒，怎敌他，晚来风急。

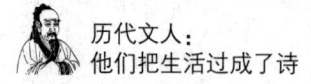
历代文人：
他们把生活过成了诗

  雁过也，正伤心，却是旧时相识。
  满地黄花堆积，憔悴损，如今有谁堪摘。
  守着窗儿，独自怎生得黑。
  梧桐更兼细雨，到黄昏，点点滴滴。
  这次第，怎一个愁字了得！

  不错，怎一个愁字了得？误入藕花深处的她处于社会思想的制高点，她看到了许多别人看不到的事情，追求着许多人不追求的境界，这就难免有些悲哀。本来，三千年封建社会，来来往往有多少人都在心安理得、随波逐流地生活。宋王朝仓皇南渡后不是又夹风夹雨，称臣称儿地苟延了152年吗？尽管与李清照同时代的陆游愤怒地喊道："公卿有党排宗泽，帷幄无人用岳飞"，但朝中的大人们不是照样做官，照样花天酒地吗？
  你看，虽处乱世，有众多文人不是照样手摇折扇，歌咏岁月，琴棋书画地度过了一生吗？但是李清照却不那样做，她也做不到那样，国难、家难、婚姻之难和学业之难都压在她那如黄花般瘦弱的身子上。康震说李清照是多么地不容易，她一生经历了众多的苦难和坎坷，但是她用坚强的意志挺住了。
  这就难免有了超越时空的孤独和无法解脱的悲哀，她环顾女界无同类，再看左右无相知，所以她才上溯千年到英雄霸王那里去求相通：

  生当做人杰，死亦为鬼雄。
  至今思项羽，不肯过江东。

  这一次，还有几个人能及？

柳永：不要浮名，自风流

柳永（约984—约1053年），原名三变，字景庄，后改名柳永，字耆卿，因排行第七，又称柳七，福建崇安人，北宋著名词人，婉约派代表人物。柳永是第一位对宋词进行全面革新的词人，也是两宋词坛上创用词调最多的词人，对宋词的发展产生了深远影响。

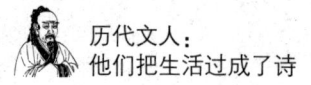

历代文人：
他们把生活过成了诗

断续残阳里。对晚景，伤怀念远，新愁旧恨相继。脉脉人千里。念两处风情，万重烟水。雨歇天高，望断翠峰十二。尽无言，谁会凭高意？纵写地离肠万种，奈归云谁寄？

宋朝经济繁盛，是在温柔乡里优游还是要去波云诡谲的官场挣扎，恐怕很多读书人都选择前者。

所以出身官宦之家的柳永开始并不着急做官，直到30岁才开始他的科考生涯。本以为很轻松就能拿到名次开始做官，要知道，当时的柳永已是举国闻名，无论皇宫夜宴、妓馆歌舞还是平民百姓的日常生活，处处都有"柳词"的痕迹。但命运似乎要和他开玩笑，柳永第一次考举居然不中！

柳永第一次失败之后，只是笑笑，相信自己总会有"仰天大笑出门去，我辈岂是蓬蒿人"的那一天。柳永的自信，体现在一首词中，其词说："富贵岂由人，时会高志须酬。"可在五年之后，朝廷第二次开考，这次的柳永又名落孙山。于是柳永就纳闷了，紧锁双眉，像任何一个怀才不遇却自命不凡的文人一样发起牢骚，挥笔写了《鹤冲天》一首，其中有一句是"忍把浮名，换了浅斟低唱"。《鹤冲天》也像柳永的其他词一样广为传唱，当然也传到了当朝皇帝宋仁宗的耳朵里，这让宋仁宗很不舒服，在柳永下一次中举御批时批了几字："此人花前月下，好去浅斟低唱，何要浮名？且填词去。"皇帝的这道"圣旨"

第四章
梦之所向，唯爱不负

断了柳永做官的梦。

宋仁宗是一个务本向道的帝王，他的规范意识比较强，特别注重生活小节，有例子为证，大臣王拱辰给他的宠妃张贵妃进献了一个定州红瓷器，他发现后就追问到底，当得知是大臣王拱辰进献的，就大发雷霆，用木棒砸碎了瓷器。宋仁宗欣赏的是受世俗约束的儒雅之士，他认为皇帝占有多少女人都是合乎规范的，而臣子就有限度了，妻妾成群尚且可以，总和妓女混在一起就不好了。而柳永呢，恰恰相反，他是个想干什么就干什么的恣游狂荡、只图一时痛快的风流才子，皇帝和官僚都做了心照不宣的事，他既做了，又说了出来，写了出来，让大家到处传唱，还不无夸大渲染之词，这就犯了皇室的忌讳。这样，仁宗能让他领皇粮吗？

可是古代读书人都想获取功名利禄，通过科举，完成当官的第一跳板。当年的陶渊明、李白、王维等，无不是想通过这一关，实现士人的梦想。柳永也不例外，三次落榜之后依然准备考试。还想用自己的才华拍皇帝的马屁，以谋求官职。偏偏他时运不济，本来想拍皇帝的马屁，却偏偏拍在了马腿上。天上出现了老人星，柳永以此为祥瑞，作了一首《醉蓬莱》，其中有"此际宸游，凤辇何处""太液波翻"等句，这与宋仁宗以前作过的词极为相近，那是宋仁宗为自己的父亲宋真宗写的挽词，柳永此举实在是触霉头，又让宋仁宗大为恼火。

其后果就是不再提拔柳永，柳永只能低声下气，上门拜访枢密使晏殊，看能不能求得官职。晏殊也是大宋才子，他问柳永，"阁下喜欢写词吗"。柳永赶紧回复，"同相爷一样，喜欢写词"。晏殊翻了白眼，"我是喜欢写词，但从来不写靡靡之音"。柳永被呛了一肚子气，只好无功而返。

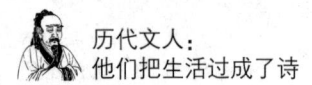
历代文人：
他们把生活过成了诗

文人在政治上失意，就会开始重新寻找出路，这种情况在历史上举不胜举，而且完全理所当然。幸亏他才华横溢，有这资本就足够了。宋代勾栏瓦肆之发达，几乎任何朝代都不及。对青楼女子来说，有才华人的人可以给她们写词，做宣传，炒作一下，提高市场关注度。

青楼女子因柳永的词曲迅速蹿红，而且把柳永看成亲人，自己有烦恼与不幸，都愿意向柳永倾诉。当时青楼里广泛流传的是："不愿君王召，愿得柳七叫；不愿千黄金，愿得柳七心；不愿神仙见，愿识柳七面。"由此可见，柳永在青楼里的地位。柳永在青楼里与妓女吃住都在一起，对她们的感情、命运，都有深深的了解，更多的是对她们的理解。

柳永把自己的青春和才华置于勾栏青楼，却造就了一代艺术宗师。柳永去世后的第一个场景是：青楼小姐，倾资捐囊然后是全部出动，在墓前为他献上最后一捧泪水。每年清明，她们都冠盖相属，到墓地献上洁白的花瓣。人间的温情，从青楼女子身上，射出熠熠华光。后有人作打油诗祭之曰：白衣卿相柳屯田，青楼裙钗妩媚娘，唱和知己成千古，绿水青山相思长。

苏东坡曾说："柳屯田（柳永官至屯田员外郎，故世称柳屯田）的智商绝对不在我老苏之下。"苏东坡说这话时，心里说不定酸溜溜的。纪晓岚也说，学诗应学老杜，学词应学老柳。可见其影响之大。柳永在勾栏青楼，真正扔掉了浮名，换成了浅斟低唱，整天与姐妹们偎红依翠，但心里的暗恨却在潜滋暗长：你皇帝老倌抛弃我，可青楼的姐妹们接纳我；你不让我施展自己，我就做给你看一看。在青楼的十七年里，柳永最后的总结恐怕是：不要浮名，我自风流。

中国的文人能如此的怕只有柳永了。民间还有个故事说，柳永去妓

第四章
梦之所向，唯爱不负

院逛一圈回来，总有一首好词诞生。姑且不论是真是假，也不说逛逛妓院是不是真叫风流，只要想象一下一个男子，挥舞着衣袖，与身后的烟花之地告别，口中又念念有词，便能让诸多小资欢呼雀跃起来。

单这一场景，就风流无人及了。

周邦彦：胆大包天，敢与天子争最爱

周邦彦（1056—1121年），北宋著名词人。字美成，号清真居士，钱塘（今浙江杭州）人。周邦彦精通音律，曾创作不少新词调；作品多写闺情、羁旅，也有咏物之作；格律谨严，语言曲丽精雅，长调尤善铺叙；为后来格律词派词人所宗；作品在婉约词人中长期被尊为"正宗"，在宋代影响甚大。其有《清真居士集》，已佚，今存《片玉集》。

第四章
梦之所向，唯爱不负

在见到周邦彦之前，也许李师师没有喜欢上任何一个来她这里的男人。

"都是俗人"，她这样评价，也不会投入真感情。这次听说有个写词的周邦彦要来，李师师也以为是个俗人，所以也没有做过多打扮，脚上褪下一双鞋子，和衣倒在枕上，眯起眸子，没有过多的期待。

周邦彦今日可是特意换了身天青罗帽，紫绫深衣，足下是双白皙的轻便皂靴。本来是词界出了名的美男子，如此装束，加上国字脸下又佩戴着一抹及胸髯，不要说纤秀少妇，连官绅市贩也会多看上几眼。所以，当周邦彦进屋的时候，李师师立马觉得自己起初的想法错了。才貌双全，这不是自己盼望的吗？李师师觉得相见恨晚。

周邦彦抱有同样的惊喜，汴京最有名的歌妓果然非同一般，他已经被她的清秀绝伦电到了，他觉得这绝非人间女子可比。是啊，汴京城内无数的男人为她的美貌而痴迷，一曲罢后，贵族公子赠给她的红绡不计其数。

于是，温馨的灯光之下，周邦彦就填了一首《玉兰儿》送给了她："铅华淡伫新妆束，好风韵，天然异俗。彼此知名，虽然初见，情分先熟。炉烟淡淡云屏曲，睡半醒，生香透玉。赖得相逢，若还虚度、生世不足。"李师师喜欢他的文采，乐于和他接近，交往日久，两个情投意合，情意绵绵，花前月下，周邦彦还可以和李师师倾诉心事。

周邦彦在少年时代个性较为疏懒，但是却很热衷于读书。所以成就了他一手好词。古代的文人大多是希望自己可以进入朝廷效力的。致君

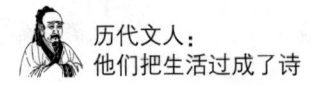

尧舜曾是很多文人的理想。但是很多时候，书生和文人只是政治的附庸而已，仅此而已。所以，蟋蟀鸣叫，月满中天时候，周邦彦揽着李师师一声叹息。

李师师听到，问："官人为何突然叹息？"

"黄尘古道，车轮轰鸣，我们都是政治的附庸啊。"

李师师起身："我为君谈一曲，解乏寂寞。"

琴声之中，二人同寂寞。

李师师看到周邦彦把自己比作知音，非常感动，心想不如干脆嫁给他，也免得众人瓜田李下地瞎议论。然而事与愿违，由于发生了一件意想不到的事情，这段将要实现的姻缘成为不可能的了。

那就是当今皇帝的突然出现。当时喜爱风流的天子宋徽宗，微服游逛青楼时见到师师后，便是欲罢不能。经常换上便服，由几个小太监陪着往师师这边来饮酒寻欢。

有一次宋徽宗生病，周邦彦趁着这个空儿前来看望李师师，二人正会得难解难分，不料徽宗来访，周邦彦来不及避开，急中只好躲入床下瞻仰圣颜，然后作诗记之：

并刀如水，吴盐胜雪，纤指破新橙。锦幄初温，兽香不断，相对坐调笙。低声问，向谁行宿，城上已三更。马滑霜浓，不如休去，直是少人行。

五十一个字，写尽俩人吃了什么，说了什么。喁喁细语，轻怜密爱。

岂知宋徽宗痊愈后来李师师这里宴饮，李师师一时忘情把这首词唱了出来。宋徽宗问是谁做的，李师师随口说出是周邦彦，话一出口就后悔莫及。宋徽宗立刻明白那天周邦彦也一定在屋内，脸色骤变，火冒三丈，

第四章
梦之所向，唯爱不负

周邦彦也因此被放外官。

事情的发展总是出乎预料，在周邦彦就要外放时峰回路转。那天徽宗去找李师师，李师师却不在，让他一个人在房里喝着闷酒，干坐了好几个小时。

师师夜半才回，愁眉泪眼，憔悴可掬。徽宗问她原因，她说送别周邦彦去了，不知皇帝要来。徽宗问有词否？师师云："有《兰陵王》词。"她就将周邦彦所写的《兰陵王》唱了一遍：

> 柳阴直，烟里丝丝弄碧。隋堤上、曾见几番，拂水飘绵送行色。登临望故国，谁识京华倦客？长亭路，年去岁来，应折柔条过千尺。闲寻旧踪迹，又酒趁哀弦，灯照离席。梨花榆火催寒食。愁一箭风快，半篙波暖，回头迢递便数驿，望人在天北。凄恻，恨堆积！渐别浦萦回，津堠岑寂，斜阳冉冉春无极。念月榭携手，露桥闻笛。沉思前事，似梦里，泪暗滴。

徽宗听后深深感到有一种"小雅怨怀而不乱"的感觉，不觉大动怜才之心。他知道李师师也不愿意周邦彦离京，于是便赦免了周的罪名，把他召回，分配到整理音乐的部门工作，还可以随时在李师师家走动。

于是，正要离京的周邦彦，官位三级跳，接掌音乐官府的新职。古往今来，能和皇帝争美女，又受到重用的，恐怕也只有周邦彦一人了。

唐寅：点秋香，三笑结姻缘

唐寅（1470—1524年），字伯虎，后改字子畏，号六如居士、桃花庵主、鲁国唐生、逃禅仙吏等，明代画家、书法家、诗人。唐寅的作品有《骑驴思归图》《山路松声图》《事茗图》《王蜀宫妓图》《李端端落籍图》《秋风纨扇图》《枯槎鸜鹆图》等绘画作品，藏于世界各大博物馆。

第四章
梦之所向，唯爱不负

桃花仙人种桃树，又折花枝当酒钱。酒醒只在花前坐，酒醉还须花下眠。花前花后日复日，酒醉酒醒年复年……

唐寅唐伯虎一生酷爱桃花，别墅取名"桃花庵"，自号"桃花庵主"，他的《桃花庵歌》也风行天下，由此还引出了一段姻缘。

话说桃花盛开的季节到来了，唐伯虎便约了几个好友，同船到茅山游玩，归来的路上被人认出，硬缠着他题画。一路春色不错，唐伯虎的心情被感染得不错，所以欣然接过别人备好的纸笔开始抒写心中的诗情画意。正当他画到兴起的时候，一抬头，忽然看见对面的轿子里，一个美丽的姑娘正对他嫣然一笑，这一笑便勾走了唐伯虎的魂儿。

唐伯虎闷闷不乐地回到船上，几个友人正商量着第二天起航返回苏州。这一夜，唐伯虎转侧难眠，念叨着那个美丽的姑娘，想到夜半时，忽然生出一条妙计。他就猛然大叫一声，翻声坐起。同舟的友人被他惊醒，急忙拉住他，问其何故；唐伯虎故意迷糊了半天，才心存余悸地说："刚才梦中见到一员天神，红发獠牙，身高丈余，手持一硕大金杵，直朝我打来，说我进香不虔诚，得罪了天帝，派他来责罚我。我叩头再三哀求，请求天帝原谅，要我再去山前进香"。友人纷纷劝说他不必放在心上。第二天一早，唐伯虎独自离舟登岸，又返回句容城中，委婉地向人打听到那莞尔一笑的姑娘就是无锡华学士夫人的爱婢秋香。原来是华夫人来此进香。

唐伯虎探知华家的画舫明日一早就要启程返回无锡，便悄悄雇了一

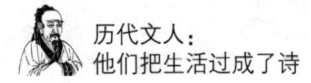

叶小舟,让船夫将舟靠近华家画舫停泊。晨曦微露时分,唐伯虎爬出狭小的船舱,刚一探头,就有一盆冷水从天而降,浇在他的头上,他骤然惊醒抬头望去,却恰好看见那秋香站在画舫舱窗前,对自己报以歉意一笑。原来是她倒水时没有注意到旁边还有小船。

唐伯虎又被这灿烂的一笑迷住了,待他镇定下来想搭腔时,秋香已落下画舫窗纱,画舫也缓缓起动了。一路顺风船速,晌午过后,唐伯虎追着画舫到达无锡,在行船过程中,再也没见到秋香姑娘露面,唐伯虎只感心中空落落的。

怎样才能见到牵肠挂肚的美人呢?唐伯虎想出一条妙计。他到当铺买下一套洗得发白了的蓝布儒衫穿上,前去华府应聘。通过管家的推荐,唐伯虎顺利地通过了华老爷的测试,当上了华家两位少爷的伴读,并获名华安。

华家老爷学富五车,才识俊雅。两位儿子却难承家学,不但天资愚钝,而且懒惰贪玩,请了个老学究教了他们十几年,依然写不出勉强通畅的文章,华老爷十分失望。现在请了个灵秀的书童华安为儿子伴读,也希望两个儿子能沾染些灵气,稍有长进。无奈这两个草包公子根本不肯把心思放在读书上。

唐伯虎深知华家两位公子确是"朽木不可雕也",因而也不想用心督促他们读书,干脆因材施教,从认字作对开始教起,并不急着让他们背枯涩的古文,写大段的文章。如此一来,两位公子竟然还日渐有所进步,华老爷非常欢喜,大大赞赏了华安。

在华府的日子虽然过得逍遥自在,可总也无缘见心上人一面,唐伯虎只感度日如年。转眼已是秋凉,焦急之中,他终于想出一个办法。这天吃过午餐后,华安求见华老爷,华老爷请他落座后问有何事,华安吞吞吐吐地说:"我想告辞还乡。"华老爷所料不及,只以为是两个儿子

第四章
梦之所向，唯爱不负

得罪了先生，忙问："是不是两个畜牲惹先生生气了？"华安连忙否认。

华老爷追问："那是何故？"华安略带羞涩地表露："我想回乡完婚。"

一听是为这个，华老爷放心了，这时他的两个儿子已少不了这位先生，待问明华安在家乡并无婚约时，他开口道："完婚也不一定非要回家，老夫在这里给你择佳丽而娶，不是更好吗？"

这话正中唐伯虎下怀，他忙叩首相谢，作感激的样子说："多谢老爷美意！其实不必大费周折，在府中择侍儿相配即可。"

华老爷见他要求并不高，当即答应下来，并马上下令召集府中所有丫鬟候选。

府中丫鬟们听说是西席华安选妻，都激动不已。因为华安的英俊多才早已传遍了华府，若能与他为妻，那自然是她的万幸。不一会，几十个打扮得花枝招展的丫鬟在大厅里站成了几排，供华安挑选自己的心上人。

唐伯虎心中也有几分激动，想到佳人马上就属于自己，不由得加快了脚步。待他一个个仔细看过了一遍，却是大失所望，里面哪有秋香的影子！肯定是华夫人不舍得让秋香嫁给自己，所以老爷下令丫鬟们集合时，她留下了四香不让去。

唐伯虎没找到秋香，十分失望地回到小厅中，朝华老爷摇头。华老爷见他没有选中，就知道了他的意思，才知道最出色的四香没来，忙派人到内院去叫。

华夫人无奈，只好放四香出来，本来秋香不愿意出来应选，她表示愿意伺候夫人一辈子，可是老爷有命，夫人也不敢留住她。

四香一同走入大厅，的确是不同一般的胭脂俗粉，她们真的是艳似桃花，就如唐伯虎第一次见到秋香的那个春天里的桃花。唐伯虎闻声出来，从四朵花中，一眼就认出了让他朝思暮想了大半年的秋香。秋香也认出

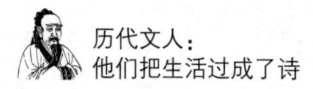

是有过三次照面的那位公子,不由得羞红了脸。唐伯虎走上前去。

婚事定于中秋月圆之夜,华府张灯结彩,为两位新人举办婚礼。新房之中秋香问道:"我记得初见之日,你是一个锦衣公子,为何落到华府为奴?"唐伯虎狡黠地一笑说:"还不是为你那三笑!"秋香娇羞切切,喃喃说:"当初见你在街上题画,君挥汗如雨,却气度娴雅,料想君非凡士,故而一笑!"

唐伯虎道:"其实我就是唐伯虎呀!"

"唐伯虎?"秋香没想到这位与自己相偎洞房的华家奴仆,竟然是大名鼎鼎的唐解元。连声说,"我喜欢你的《桃花庵歌》:桃花坞里桃花庵,桃花庵下桃花仙。"唐伯虎把自己如何恋她三笑,卖身华府的经过略述一遍,秋香十分感动,二人果然情投意合,当夜离开华府,潜返苏州。

第二天,华府的人迟迟不见新人出房门,等到中午时分,推开新房门一看,红烛锦被依旧,哪里还有新人的踪影!仔细搜寻,发现桌上搁着一帧诗笺,上面写着:

六艺抛荒已半年,如飞急马快扬鞭;
去将花坞藏春色,了却伊人三笑缘。

诗笺送到华老爷处,他沉吟良久,忽然悟出了那诗每句开头一字相连,便成"六如去了"。六如不就是六如居士唐伯虎吗!他不由得连声直呼:"怠慢啊!"

而此时,唐伯虎已拥着秋香,在苏州画舫里饮酒作画,作得《江山美人图》,好不快哉!

第五章　大师归隐乐，活出高格调

人生无非就是这样，一边拥有，一边失去，一边扎根，一边发芽，拼命地生长。素心归隐，田园怡情，自我经营一片精神洁地，拒绝名利诱惑，坚持自我，方"朴素而天下莫能与之争美"。

陶渊明：田园与酒，寓乐其中

> 陶渊明（352年或365—427年），字元亮，又名潜，私谥"靖节"，世称靖节先生。浔阳柴桑人。东晋末至南朝宋初期伟大的诗人、辞赋家。曾任江州祭酒、建威参军、镇军参军、彭泽县令等职，最末一次出仕为彭泽县令，八十多天便弃职而去，从此归隐田园。他是中国第一位田园诗人，被称为"古今隐逸诗人之宗"，有《陶渊明集》。

第五章
大师归隐乐，活出高格调

揭开魏晋文人的文章，扑面而来的是一股酒气，嗜酒是魏晋文人的共同特征。

陶渊明作为魏晋的名士，自然也不例外。陶渊明喜爱喝酒。只要有朋友来访，无论是谁，只要家中有酒，必与同饮。他嗜酒但酒量不大，于是总是他先醉。醉了便对客人说："我醉欲眠卿可去。"他在《九日闲居》一诗就写"酒能祛百虑"，《游斜川》一诗也写"中觞纵遥情，忘彼千载忧"。这也许就是他嗜酒的原因。

在广为流传的关于陶渊明的故事中，最让人喜欢的还是他与一个和尚、一个道士的故事。三人是很要好的朋友，好朋友在一起难免要喝酒，然后大谈心事。有一次，因为聊天，和尚居然破了誓言，和陶渊明、道士一起走过了他曾经发誓永生不过的一座桥，等发现时已经来不及了，于是三人在桥那头抚掌大笑。

这故事确实让人沉迷，让中国读书人留恋的还有他弃掉县令职位，头戴兰巾，采菊东篱，仰观南山的场景。

采菊东篱下，悠然见南山。山气日夕佳，飞鸟相与还。看柳看桃，看村落里的炊烟，听鸡鸣狗吠，是自然真正的主人。

中国几千年封建社会，以官本位贯穿始终，读书人除了以做官来体现自己的人生价值之外，几乎别无选择，而自有科举制之后，千百万读书人更是苦读于寒窗，挣扎于考场，以求取功名，换取富贵。袁宏道就是靠读书读出个进士来，而后得以任县令的。这对那些以做官为人生终极目的的人来说，可谓已踏上了仕途的第一个台阶，此后势必要小心谨慎，

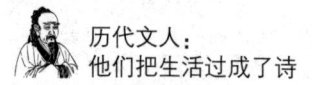
历代文人：
他们把生活过成了诗

再接再厉，以求能更上层楼。一些庸官俗吏，更是"春风得意马蹄疾"，忙着夸官亮职于市廛，衣锦还乡于故里；拜迎长官于道旁，徇私舞弊于暗室。然而，这对陶渊明来说，却素来无法忍受。

少年时，他曾祖陶侃（东晋开国元勋）的影子时刻在他的脑海里激荡，二十岁时他已经满腹经纶，诗、赋、文样样写得异常出色，放眼同辈中人，无出其右者。他想用自己经天纬地的本领为国家作出贡献。年少时他怀揣着这样的梦，昂首阔步地走着，跌着，磕磕碰碰一路，近十年官场的黑暗，贵族的腐败，让他抑郁无措。二十九岁的陶渊明神色黯然，他最后抱着仅有的一丝希望，将起点放到最低，出任一些小官职。

祭酒、参军，这些都是他的职位，满腹经纶化为满脸沧桑，他的最后一份差事是江西彭泽县令。当时的东晋已乱，硝烟四起，他不愿离家太远，又想当官以谋取生计，靠叔父的举荐在江西任职。陶渊明的故事本该到这里结束，接下来他应该天天有酒喝，太阳升起的时候还可以在堂院里提起笔练练字，儿孙满堂而生活不至于贫困。日子虽然无聊，相对平民来说，还算不错。可他是陶渊明，那份清高与孤傲是与生俱来的，东晋的官场生活他无法忍受。他来到世上好像就是为了让后人听他的那一句"我岂能为五斗米折腰"；从初仕江州祭酒到最后彭泽县令的拂袖而去，整整十三年，他的仕途注定要以这句话终结。

少无适俗韵，性本爱丘山。
误落尘网中，一去三十年。
羁鸟恋旧林，池鱼思故渊。

辞去彭泽令，是陶渊明一生前后两期的分界线。此前，他不断在官僚与隐士这两种社会角色中做选择，隐居时想出仕，出仕时要归隐，心情很矛盾。此后他坚定了隐居的决心,一直过着隐居躬耕的生活,由于对现实不满,又无力变革,并且看不出变革的希望,遂采取了"独善其身"的逃避办法,由此必然获得自甘寂寞、安于现状、洁身自好。

陶渊明归隐后在他的诗上赋予了鲜活的自然气息。连最平凡的农村生活景象也显示出了一种无穷的意味深长的美,这种归隐就成为诗化的归隐,陶渊明活在诗意里。作为一种生存方式,诗意成为一种人生哲学。

诗意的生存同样需要需要一定的物质基础来支撑,在诗意中陶然的陶渊明遇到的最大障碍是生活上的窘迫。大多数时候,他不得不依靠朋友的接济来度日。他的老朋友颜延之,当时做着太守一职,每天都到他家饮酒。临走时,留下两万钱,他全部送到酒家,陆续饮酒。

不过,他求贷或接受周济,是有原则的。有一天,江州刺史檀道济亲自到他家访问。陶渊明这时,又病又饿好些天了,檀道济劝他说:"贤者在世,天下无道则隐,有道则至。今子(你)生文明之世,奈何自苦如此?"他却对他一点也不领情,说:"潜也何敢望贤,志不及也。"檀道济知道他好些日子吃不饱,临走的时候赠给他一大块肉,可他看都没看就扔了出去。

好在檀道济不是钟会,所以陶渊明也没有落到与嵇康同样的下场。

陶渊明被人们尊称为隐逸诗人之宗,并开创了"田园文学"的文学潮流,他的诗文充满了田园气息,并影响了中国一代代的文人,乃至中国文化的发展。苏轼晚年非常推重陶渊明,除了仰慕渊明平淡超逸的诗风外,重要原因之一就是陶渊明性情真率,感情真挚。南宋爱国诗人辛弃疾,在报国无门,壮志难酬的苦闷中,把陶渊明引为知己。辛弃疾留下的词作计626首,其中吟咏、提及、明引、暗引陶诗陶文的有60首,几乎每10首词中就有一首与陶渊明有关。

"复值接舆醉,狂歌五柳前"王维更是希望醉倒在五柳先生陶渊明

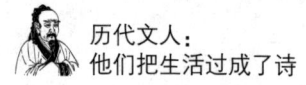

的门前。

魏晋的文人似乎偏爱柳树，嵇康在柳树下锻铁，而陶渊明在庭院中种植五棵柳树，也许，正是柳的姿态最能够体现魏晋文人那婀娜的心态，悠游的心境。"陶渊明……宅边有五柳树，因以为号焉。"幸好陶渊明先生种了那五棵柳树，所以后人得以在那树下一直乘凉。

孟浩然：归隐是乐，亦是皈依

孟浩然（689—740年），名浩，字浩然，号孟山人，襄州襄阳（现湖北襄阳）人，世称孟襄阳。因他未曾入仕，又称之为孟山人，是唐代著名的山水田园派诗人，著有《孟浩然集》三卷传世。

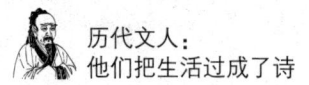
历代文人：
他们把生活过成了诗

唐朝有位诗人为我们留下了两百多首诗，他的诗清新自然，不事雕凿，读来恬静闲适，波澜不惊。没有暗含着隐喻，也感觉不到托物言志，正因为此，后人很难从他的诗中附会出什么，没有被改造的价值，人们也就不再有引用的欲望。由是，他的诗，被人竞相传诵的不多，我们所熟悉的不过几首，读他的诗，会有一种朴实无华、与世无争的感觉迎面而来。

> 故人具鸡黍，邀我至田家。
> 绿树村边合，青山郭外斜。
> 开轩面场圃，把酒话桑麻。
> 待到重阳日，还来就菊花。
>
> （孟浩然《过故人庄》）

孟浩然一生大多数时间都在家乡襄阳居住，平时他在鹿门山自己的家中读书练剑，修身养性；有时候他也经常出门访友，把酒言欢，过着不亦乐乎的生活。有一天孟浩然去看一位老朋友，这个人是谁我们已不得而知，从诗中我们可以确定，他的职业是位农民，但既然他能与孟浩然有着共同话语，因此我们可以想到他应该是一位隐士，一位真正的隐士，他在当世隐藏身体，在后世隐匿姓名，故意不让我们知道他的存在。

这一天隐士先生邀请我们的浩然兄来家里喝酒，准备了黄米饭和烧鸡待客，孟浩然很高兴，俩人打开了窗户对着田园共饮，席上他们相谈农桑之事，田园之乐，没有圣人之言，也没有国家大事，宾主言欢，轻

第五章
大师归隐乐，活出高格调

松自在，好不得意。

畅饮之后，孟浩然起身告辞，走在绿树环抱，青山相伴的路上，他转过身，对相送的隐士说道："今年重阳，菊花开放的时候，我会再来。"

重阳节到了，但是孟浩然并没有如约来到这位隐士的家里，这一年的秋天，他去了京城，参加当年秋闱的进士科考试，这一年他四十岁，在闭门读书三十年后，他终于决定放弃隐匿山水的生活。入世，实现儒者兼济天下的理想与使命。

孟浩然的心里感到矛盾，四十年来，他一直生活在自己的家乡，习惯了山水田园之乐，独处时晴耕雨读，每天往来与田园与书屋之间，无拘无束。天气好时邀上二三好友作逍遥游，初春踏青，盛夏垂钓，秋日登高，寒冬赏雪，过自由自在的日子。功名利禄，他未曾沾染，也并不向往，读书、种地、郊游、饮宴，他满足于这样的生活。

可是，他又觉得作为一名儒者，不能只顾着独善其身，"邦有道，则现；无道，则隐"，在这大唐盛世，他认为自己有责任为天下百姓做些事情，"修身、齐家、治国、平天下"这是每一名读书人不断升华的使命，这种儒者的使命感是我们无法理解的，最终，孟浩然决定放弃自己快乐的生活，听从使命的召唤。

在长安的日子里，现实无情地击碎了他的梦想，唐朝时科举考试的制度并不完备，录取并不依靠成绩，如果要想取中，必须有当朝权贵的保荐，每一位参加科举的考生都要到处拜访达官贵人，献上自己的作品，表达他们的敬仰之情，希望能够得到权贵的赏识，这在当时叫作"求知己"。孟浩然不得不每天出入公卿之门，很快他就对这种卑躬屈膝的生活感到厌恶，权贵们的轻浮与愚蠢让他不堪忍受，更别说去对他们阿谀奉承了，在长安，他饱尝了人情的冷暖与官场的黑暗。

他感到失望，这不是他想要的生活。

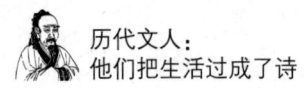
历代文人：
他们把生活过成了诗

    曾经有一次，他在好友王维家做客时，偶遇了唐明皇，皇帝命他献诗，此时的孟浩然，还是不改他那自由随意的村夫子气，吟出了"不才明主弃，多病故人疏"之句，当下便惹恼了皇帝，责怪他诬陷自己，差点给他安上了欺君之罪。孟浩然很吃惊，不过是写诗，皇上何必也要对号入座呢？

    终于，孟浩然知道，这种凡事小心翼翼、察言观色的生活，他这样随性随意的人，真的不适合。

    他倦了，他想念自己的家，在那青山绿水的鹿门山，有悠闲的老者，有快乐的儿童，有忠诚的朋友，而那里，他才是自己的主人。长安，这里的每一个人，活得都太累了。

    孟浩然终于回到了家中，他关上房门，沉沉睡去。

    一个早上，他从梦中醒来，阳光温柔的洒在身上，他揉了揉眼睛，天是什么时候亮的呢？推开房门，他走入院中，听到了啼鸟啾啾的鸣声，昨夜的春雨将庭院洒扫得分外明净，他走到花坛旁，弯下腰，轻轻地将飘落的花瓣拈在手中，久久地凝望着……终于，他笑了。

    春眠不觉晓，
    处处闻啼鸟。
    夜来风雨声，
    花落知多少。

（孟浩然《春晓》）

    他昨夜的梦醒了，他人生的梦也醒了。

    为家国进取，为田园隐退，这是古中国赋予的两种最为理想的人生，孟浩然曾为前者努力过，可是性格决定命运，他在田园中待得太久，已经不习惯拘束的生活。但这也许正是他的幸运，才不会像他的那位先行者陶渊明一样后悔"误落尘网中"。归隐田园，这是他的宿命。孟浩然终其一生，未曾出仕，在我们所知道的中国文人中，他几乎是唯一的一位。

花开花落总无穷，来去都是那样的无声，人生如梦，在这个世上，我们无法改变什么。

不如投奔生活吧！至少，不会被这个世界改变。孟浩然最终成为了一名隐士，于山水田园之间与白云清风为伴，他吟唱着山歌，在自然之中终老。

归隐，也是皈依。

王维：且行无论笑意芳

　　王维（701—761年，一说699—761年），唐朝河东蒲州（今山西运城）人，祖籍山西祁县，唐朝著名诗人、画家，字摩诘，号摩诘居士。王维参禅悟理，学庄信道，精通诗、书、画、音乐等，以诗名盛于开元、天宝间，尤长五言，多咏山水田园，与孟浩然合称"王孟"，有"诗佛"之称。书画特臻其妙，后人推其为南宗山水画之祖。存诗400余首，代表诗作有《相思》《山居秋暝》等，其著作有《王右丞集》《画学秘诀》。

第五章
大师归隐乐，活出高格调

夜，竟已深沉了。

我，却在恍惚中。

是你吗？眼前总是一团浓重的雾气，我用尽力气睁大眼睛，却仍然只能看到一个模糊的身影：一袭白衣，飘然行走在并不纯净的人世间，挥一挥衣袖却不带走一片云彩。

"明月松间照，清泉石上流。"你总是能这么简单地描绘出身边最纯粹的景象。当然，对你来说是信手拈来之事，对于我们这些已经被滚滚红尘迷惑的凡夫俗子却总是太过艰难。在匆匆追寻名利的过程中，恬淡似乎成了一种遥不可及的奢侈品，即使是那亘古如一的明月也无法吸引我们的目光。

然而，你不是凡夫。

因为，你的心是随意的，无牵无挂却有饱含深情的随意。所以你能驻足而立，与明月谈天，与清泉为伴。你是那么从容地说道"随意春芳歇，王孙自可留。"为了这普通得不能再普通的风景，你竟然愿意放弃那些常人孜孜以求的荣华富贵。

其实，你原本大可不必如此，凡夫们如是说。

天下谁人不知君？你生于开元盛世，九岁就已能赋诗，身负才名；十七岁时，便写出那首脍炙人口的《九月九日忆山东兄弟》：独在异乡为异客，每逢佳节倍思亲。遥知兄弟登高处，遍插茱萸少一人。十九岁京试中得头名举子，二十一岁就高中状元，这是何等的荣耀之事！那时的你可能真的是"春风得意马蹄疾"吧！更兼皇帝与宰相的赏识，官职

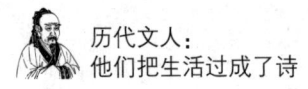
历代文人：
他们把生活过成了诗

一再升迁，你还有什么不满足吗？

你大概只是笑笑，然后还是走开。

是你担心自己勇气不够应付吗？但是你分明豪迈地念道"一身转战三千里，一剑曾当百万师。"男儿有志如斯，岂能说他勇气不够？

是你对人世间一切事物都失去兴趣了吗？但是你分明在发妻亡后再未续弦，保持着对她深深的思念。你分明在送别友人时还年年不忘地叮嘱："劝君更尽一杯酒，西出阳关无故人。"更不要说那有名的红豆了：红豆生南国，春来发几枝。愿君多采撷，此物最相思。男儿有情如斯，焉能说你看破红尘？

于是，你给凡夫们留下了一道难题。

其实，你早已在自己那几乎都是经典的诗里唱出了自己的心声：人生，且随意。

这，确实是一种极高的境界了。

随意，便是不执着。万苦皆由执着而生：执着于生，便有对老、病、死地苦恼，有求而不得的苦恼，有爱而别离的苦恼，有怨恨相会的苦恼。

然而你不。也许是过早的成名让你洞悉世事，也许是过人的才华让你且行且寂寞。于是，你便没有执着。"强欲从君无那老，将因卧病解朝衣。"并不是对于自己的不自信使你放弃某些东西，那只是凡夫们懦弱的表现。你的不执着，是一种从高山之巅俯视群峰的超脱，只要你愿意，随时可以抽身而出。

随意，便是一种超脱的心境。

"清川带长薄，车马去闲闲。"你是那么淡定地坐在书窗前，遥望着窗外静静的山川，即使本来喧闹的车马在你眼里也变成了优雅的舞者。其实，这是你与生活的共谋吧。或者是"秋色有佳兴"，或者是"飒飒松上雨"，或者是"独坐幽篁里"，或者是"座客香貂满"，你都是那

第五章
大师归隐乐，活出高格调

样静静地看着生活。生活在你的笔端永远徜徉着安逸的笑容和节奏，而你在这种节奏中自由飞翔。

读你的诗，分明能够感受到生活万象纷涌的动感，感受到烟花绽放般丛生的幻景，而生成目不暇接的惊诧和愉悦。走向你，也就是在享受你，更应该感恩你。

然而，你的随意决不是灰色调的失意，而是一种畅快。

知道你中年的时候已然远离了喧嚣的官场，吟诗作画而已。看你那时候的诗，一股淡然之风已然迎面而来，这种淡然里传达的是一种对生活的满足。一个幽静的小院，几株别样的花草，简单的家具摆设，你并没有要求太多。但就是在这种简单与随意中，你品味着人生。

在你隐居的时候，你总是愿意像一个孩子那样，兴之所至就是路之所至，兴趣浓时常常独来独往去游玩，有快乐的事便自我欣赏自我陶醉，却从来没有想到非要从中得到什么不可。你离凡夫们那功利性的思维太远。在他们的身上，永远流淌着名利的血液，他们时时在为世界疯狂。

然而，你眼中的安详却让世界沉寂。

有的时候甚至出现了非常让人沮丧的图景：你正兴致勃勃地往前走，却突然发现前面似乎没有路了呢。凡夫们开始发笑，你不是随意吗，这回连路都没了，看你怎么办？赶紧回去吧，凡夫们说。然而，你却在河边坐定，静静地看那风轻云淡。你怎么能随意到这个地步！

也许，你已经超出路在你身上强加的束缚，不是你跟着路走，而是路跟着你走，不，是世界跟着你走。

最佩服你的还是你的随意，有时只是一个偶然相遇的山野老头，你却能与他谈笑风生，甚至连归期也不再是你必须要考虑的东西。他应该不懂诗画吧。谈什么呢？肯定有隔阂吧？错，谈，就是一件痛快之事。

到底是随意生快意，还是快意生随意？凡夫们还是要问个明白。

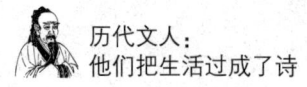

然而，你却笑了，仍是走开。

不明白！猜吧。

呵！原来如此。

你的行走原来就是答案啊！随意的走就是快意的事情，最纯的快意肯定是随意的而非刻意粉饰的。你的性情是淡雅而随和的，向往的是一种自由自在像山林中鸟雀一样与世无争的生活。你已经找到了世界上可能的最大自由。你随意地快意着，你向你的自由致敬。在这个时候，你向世界宣告自己的存在。

不仅是诗，你的画也是随意之作，快意之作。

你首创破墨山水，尽去了以往山水画的浮华之气，仅用水墨渲淡而成。一种以水、墨作为表现手段的"写意画"逐渐取代了人工过于浓艳富丽的重彩。你说画道应当"肇自然之性，成造化之功"。看你那幅《袁安卧雪图》，雪中竟然挺立着一株芭蕉，实在是有悖常理。但就这随意之笔，成就了快意之境。

想到苏轼曾说："味摩诘之诗，诗中有画；观摩诘之画，画中有诗。"此言不虚。

你在诗的衣服记下自己随意地快意，终于发现这平滑如织的衣服竟也可以化成水流。它是热的，因为你的心是热的。但是并不会沸烫，因为随意的温度不会是沸点。

突然，一阵蛐蛐的叫声打断了我恍惚的沉思。

灯下，纸页已有些发黄《唐诗选》平摊在桌上，王维的名字在灯光中忽明忽暗。

中岁颇好道，
晚家南山陲。

兴来每独往,

胜事空自知。

行到水穷处,

坐看云起时。

偶然值林叟,

谈笑无还期。

(王维《中南别业》)

我笑了。

摩诘,真的是你。

也许若干年后,我会在那晴日的午后,泡一杯清茶。就在那茶烟升起的时候,我又会想起今日与你相遇之事吧。

张志和:诗意地栖居

张志和(732—774年),字子同,初名龟龄,号玄真子,著作有《玄真子》十二卷三万字,《大易》十五卷,有《渔夫词》五首、诗七首传世。

第五章
大师归隐乐，活出高格调

> 如果人生纯属辛劳，人就会
> 仰天而问：难道我情愿这样？
> 当然。
> 只要善良和纯真
> 尚与人心相伴，
> 他就会欣喜地拿神性来度测自己。
> 神是莫测不可知的？
> 还是显露其自身犹如天穹？
> 我宁愿相信后者。
> 神是人的尺度。
> 人充满劳绩，但还是
> 诗意地栖居在这片大地上。
>
> （〔德〕荷尔德林《人，诗意的栖居》）

西塞山前，一条小溪潺潺流过，一位老翁身穿蓑衣头戴斗笠，手拿鱼竿坐在岸边闭目垂钓，天空一直飘着蒙蒙细雨，周围没有一个人影，偌大的溪边只有这位老者。

这位老翁今天在这里坐着已经很久了，自始至终，他都没有动过一下，大多数时间里也都闭着眼睛，而手中的鱼杆，也静静地垂在溪边，只是有时随风轻轻地摆动一下，鱼儿仿佛从没有打算咬过它一般。

斜风细雨，水面微波荡漾，山水相映，天地间一片寂静。

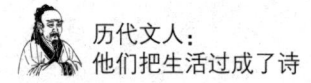
历代文人：
他们把生活过成了诗

"哗"的一声，一条鳜鱼跃出水面，打破了这份寂静，它翻了个身，重又回到溪中游走了。

老翁睁开眼睛，望着渐渐回复平静的水面，在他面前水面就如同一面镜子一般，他凝视着这面镜子，看到了很多东西：功名，富贵，荣辱，生死，溪水依然向前流去，他轻轻念道："天下熙熙，皆为利来；天下攘攘，皆为利往。"又闭上了眼睛。

慢慢地，他复又睁开，再一次地向那面镜子望去，世间万物，儒释道诸神、诸圣都浮现在镜中，甚至，他仿佛看到了组成宇宙万物的元素，它们在镜中排列着、运动着。

他点点头，想到自己一直在编的《玄真子》，心里念道："反尔之视，绝尔之思，可以观。今天回去又可以添上新的东西了。"

这位老者的道号就叫玄真子，尘世间的名字是张志和，他本名叫作张龟龄，从小聪慧非常，十六岁时参加科举的明经科考试，明经及第，名动京师。他曾献策于唐肃宗，唐肃宗很赏识他，让他当翰林待诏，并赐名"志和"，恩宠一时。

无奈他的性子过于崇尚自由，常常直言进谏，触怒了皇帝，被贬官南浦县尉。张志和也不恼，干脆索性不去赴任，托词"丁忧"回到老家，驾一页之扁舟，日日泛舟湖上，徜徉于山水之间，自号烟波钓徒，过起了神仙般的日子，并扬言要去海上寻仙。他的哥哥张鹤龄怕他真的遁世一去不回，就在西塞山前买了块地，给他盖了几间茅屋，让他安顿下来，好看着他。

张志和也不拒绝，搬过来后果然老实不少，每天就是跑到溪边钓鱼，风雨无阻日日如此，却从没有钓上过一条，这也不奇怪，因为他从来不在钩上挂饵。"沿溪垂钓"，却"每不投饵"，那是因为其"志不在鱼也"，张志和每天坐在溪边沉思，修炼他悟道的层次，随着他修炼层次的提高，

第五章
大师归隐乐，活出高格调

每次看到的景像也在一层层的深化。晚上回来后他会将自己修炼的心得记录下来，编他的《玄真子》一书，隐逸的日子每天都这么惬意地度过。

想到这，张志和又闭上了眼睛，似睡非睡。

空中传来了鹭鸣声，一对白鹭在迎风而舞，它们降落在水面上，捉住跳出水面的鱼就吃了起来。张志和又一次睁开眼，看着这一切，暗念道，无为而无不为，凡事切不可逞强。还记得前年的时候大运河要疏通河道，差役来村里征集民夫，结果把他也抓走了。他也不公布自己的身份，拿起镐锹背上柳条筐乐呵呵地就奔工地去了，结果害得他做县尉的哥哥找遍了全城也找不到他，只好报官，一层层找，才终于在工地找到了他。

也难怪差役会误抓，大家找到他时，看他一身穿得破破烂烂的，怎么看怎么像流民。张志和一直不肯结婚，身边没有人照顾，衣服破了也没人补，自己也没钱买新的，身上这件还是他嫂子送他的，一穿就是十年，一年四季又从不离身，能不破吗？不过经这么一闹，大家都知道了张志和生活有多困苦，皇上也听说了这件事，惋惜他的才华，就派了个御史来找他，希望他能跟着一起回京，重新做官。

张志和野惯了，打心眼里不愿意回京受那份拘束，但他又不表态到底肯不肯回京，一问他就打哈哈，留御史在茅屋里住了几天。这可苦了这位御史大人，他那破茅屋啊，柱子椽子都是树枝搭成的，连树皮都没有刮过，晴天跑风阴天漏雨，御史就这么跟他吃糠咽菜住了几天，实在受不了了，知道自己和他耗不起，磨不过他啊，只好自己跑回京城去了。

皇上也没办法，于是就赏给他一个小厮，一个丫头，让他们伺候他，又让当地政府按时给他发放补贴。张志和钱也懒得去领，仆人也懒得用，索性让他们结成夫妻，并给他们起了名字，男的叫渔僮，女的叫樵青，让他们陪着自己住。哦，对了，今天渔僮去城里领钱，怎么这么晚了还

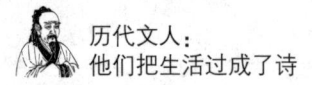
历代文人：
他们把生活过成了诗

不回来？算了算了，不管了，张志和又闭上了眼睛。

不知过了多久，远远地他听到有脚步声朝他走来，大概是渔僮吧，张志和也懒得睁眼回头去看。"先生，我回来了。"果然是渔僮。"嗯"张志和哼了一下，继续钓他那没指望的鱼。"先生，城里来了个新太守，叫颜真卿，他说很仰慕先生，想知道先生明日能否到他府中一叙。"

颜真卿？听说他能诗会赋，尤其是书法被喻天下无双，为人也正气得很，端的是一条汉子啊。只是他太争强好胜，凡事非要分个是非对错、上下高低来。明日找我，定是想与我在诗词书法上比个高下啊，自己若去相比，则会助长了他的争胜之心。可是若不去，这么一个人，正气太盛，于国家百姓当然是好事，但恐怕会伤及自身，又有心想点化他。一时拿捏不准主意，坐在那里，沉吟不语。

渔僮知道自己这位老先生的脾气，凡事都不置个可否，什么事都漠不关心似的，能把人活活急死。就以为他毛病又犯了，低下头说："先生，那我明天进城，替您回绝罢。"

"嗯"，张志和又是一声闷哼，渔僮转过身刚要走，就听背后又传来声音，"你回去给我收拾一下东西，我明天进城住几天。"渔僮吃了一惊，回头看去，张志和还是背着身子坐在那里，他抬起手来摆了摆，"你先回去吧，我再坐一会儿。"

世界又留给了张志和一个人，风吹过，桃花落了下来，飘过他的身体，落在水中，随流水远去了，明天，就送这首词给他吧，张志和这样想到。

　　西塞山前白鹭飞，桃花流水鳜鱼肥。青箬笠，绿蓑衣，斜风细雨不须归。

（张志和《渔歌子》）

人是辛劳的，只有以豁达的心态待人、应物、处事，诗意地栖居在大地上，才能克服心与物的障碍，超越生命短暂与时间永恒的隔阂而进入本真的境界，让生命的意义得到终极的确认，声名富贵，只不过是镜花水月罢了。

世人啊，你明不明白？

施耐庵：弃官归田园，书写《水浒传》

施耐庵（1296—1370年），原名彦端，字肇瑞，号子安，别号耐庵。今江苏兴化人，著名的元末明初作家。与门下弟子罗贯中一起研究《三国演义》《三遂平妖传》的创作，搜集整理关于梁山泊宋江等英雄人物的故事，最终写成《水浒传》，另有《施氏家薄谱》存世。

第五章
大师归隐乐，活出高格调

有一人感时政衰败，推掉多次的征召，作书以寄托心意。

可是当权者就是不放过他，依然征召无数，都市中无处存身，这个人就回到自己的老家——白驹场西边十八里自己的庄田上，决定隐居于此。

他就是施耐庵。

施耐庵站在自己庄田上的时候感觉就不一样了，空气清新，无人逼迫，这方世界就是独属于自己的世界。白驹场东面叫枫桥，西面叫柳桥，北面叫板桥，总称苏家桥，亦称施家村。放眼看去，村西还有一芦苇荡，荡中芦苇繁茂，水鸟甚多，这个秋天，野鸭成群飞来。

施耐庵便以此为梁山泊，常和徒弟罗贯中一起，乘着小船，登临其上，犹如画家写生一般，专心从事创作，在如此惬意的美景之中，终于写下了流传千古的名著。

整理完书的最后一页，施耐庵抚书畅想，若是当年自己应刘伯温之请出仕入相，或许也就没有了自己手上这本沉甸甸的《水浒传》。往事就从脑中浮现出来。

施耐庵少年时代在苏州浒墅关读书，十分刻苦，他不仅熟读诸子百家，而且各种书都拿去浏览或者审读。当时刊行的《大宋宣和遗事》，讲有"智取生辰纲""杨志卖刀""宋江怒杀阎婆惜"等故事，引起了施耐庵的浓厚兴趣，他常常阅读，如饥似渴。在课余的时候还与小伙伴们一起舞刀弄棒，练习武艺。那时，苏州城里也经常说唱些如《石头孙立》《青面兽》《花和尚》等话本和杂剧，施耐庵消遣的时候去听，不知不觉中这些"仗义英雄""擎天好汉"的事情影响着自己，让他流露出敬佩之情。

元至顺二年（公元1331年）春天，施耐庵已经三十六岁，他上京应

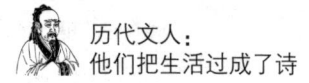

试。天从人愿，耐庵得中辛未榜进士，金榜题名。发榜后，他在拜谢师友中结识了同榜得中的刘伯温，两人很谈得来，时常聚在一起高谈阔论，投契之余都诉说心事，结下了莫逆之交。不久，朝廷派施耐庵到钱塘担任县尹。但是，他只当了两年，由于不愿干昧良心的事，也不愿谄媚权贵，便愤然辞官而去。

施耐庵从钱塘弃官回来，在苏州城东南隅的施家桥开学授徒。四乡八邻，纷纷慕名前来投师，也是依然自乐，好不快活。

不过冬去春来，施耐庵痛感自己有志救民却无处展才，也有不尽情。有一天，他路过书铺，看到不少手抄元人话本，其中有一本名叫《张叔夜擒贼》，是讲梁山泊宋江等一百零八人故事的。想到自己以前常听常看的关于梁山泊的故事，他就有了主意。他高价买回《张叔夜擒贼》话本，打算以此为线索，把其他有关梁山泊故事的话本内容加以梳理，写出一部江湖豪客的传奇故事。

施耐庵不再开学授徒，只留下了得意门生罗贯中，帮助自己整理书稿。施耐庵还特地花了一笔钱，请画家按照宋末龚开的"宋江三十六人赞"，临摹成了三十六张人物画像，挂在家里，参考着文章好写下去。

这个时候刘伯温到处在打探施耐庵的消息，他已经做了朱元璋军师，当他知道施耐庵隐居写书后，连忙向朱元璋推荐。朱元璋特派刘伯温前来召请。施耐庵是不愿意为官称臣的，朱元璋派去的人当然找不着施先生了。

为了避过战乱，完成自己写书的夙愿，施耐庵想到了先后做过松江同知和嘉兴同知的好友顾逖，这时顾逖已辞官回到兴化家中。兴化因地方偏僻，四周环水，交通不便，一向有"自古昭阳好避兵"之说。于是，施耐庵给顾逖去了封信，信里还附去一首诗："年荒世乱走天涯，寻得阳山好住家；愿辟草莱多种树，莫叫李子结如瓜。"

顾逖接到施耐庵的来信，赶快给施耐庵回了信，并答诗一首："君自江南来问津，相逢一笑旧同寅。此间不是桃源境，何处桃源好避秦！"

第五章
大师归隐乐，活出高格调

施耐庵接信后，带着妻子申氏、二弟彦才和学生罗贯中，搭了民船，冒着烽烟，悄悄渡江北上，直奔兴化而来。

赋联表心迹施耐庵觉得自己年逾古稀，要抓紧时间把书写完，于是又请顾逖帮忙，在兴化以东，靠近黄海边的白驹场买了房屋和田产，迁到白驹镇上定居。还在大门上写了一副对联："吴兴绵世泽，楚水封明烟"，表明自己从苏州迁来隐居此地，从事著书的心迹，著书的过程当然是意气风发，梁山英雄的事迹在自己的笔下流露指端，施耐庵是说不出的兴致勃勃。

元至正二十七年（公元1367年）九月，常遇春攻破了平江。朱元璋再次派人寻找施耐庵，打听到他已避居兴化白驹场的消息，非常高兴，让刘伯温带着御笔旨意专程登门恭请。这天，当刘伯温来到施耐庵的书斋时，忽听里面发出一阵阵激烈的撕打声和吆喝声，推门进去一看，只见施耐庵精神抖擞，抡起拳头，正和案头上一只栩栩如生的纸老虎拼打，不禁哈哈大笑。施耐庵忙上前拜揖，刘伯温一边答礼，一边笑着说："我这是二次奉旨前来恭请师兄。"

施耐庵知刘伯温的来意，忙命家人摆上酒席来，殷勤劝刘伯温吃酒，自己也喝得很猛，一连干了几大杯，然后装着酒醉，伏案睡了。刘伯温近前一看，桌上放着他还未写完的"景阳岗武松打虎"这一回书稿。他明白施耐庵是不愿为官的，就没再多加劝说，回去复旨了。

书的名字最初为《江湖豪客传》，他的大部分时间和精力，都花在写作和修改《江湖豪客传》上，眼看全书即将写完，他又觉得书名不够含蓄，过于豪侠，自己喜欢，别人不知道什么想法呢。罗贯中看出了老师的心思，就向他建议说："老师，书名就叫《水浒传》吧！"施耐庵觉得这个名字很好，说："水浒，就是水边，含有'在野'的意思，还有典故，诗经上有'古公父，朝来走马，率西水浒，至于岐下'，是歌颂周代发祥史的。这书是写起义英雄的，叫它'水浒'，非常合适！"，施耐庵哈哈大笑，把这个名字重重地写在了第一页。

袁宏道：离官场，亲山水

　　袁宏道（1568年—1610年），字中郎，又字无学，号石公，又号六休，湖广公安（今属湖北省公安县）人。他是明代文学反对复古运动主将，他既反对前后七子摹拟秦汉古文，亦反对唐顺之、归有光模拟唐宋古文，认为文章与时代有密切关系。与其兄袁宗道、弟袁中道并有才名，史称公安三袁，由于三袁是荆州公安县人，其文学流派世称"公安派"或"公安体"。

第五章
大师归隐乐，活出高格调

有两个县令，视乌纱如桎梏，弃印绶如敝屣。

一个是陶渊明，另外一个就是明朝的袁宏道。陶渊明是厌恶东晋浊乱的政治环境，处处羁绊。袁宏道是深深感叹官场"苦哉，毒哉"。"陶县长"说："没有'五斗米'，日子是苦了点，但我挣脱了'樊笼'，把自由留了自己。""袁县长"则不断写信给友人，诉说做官之苦，更详细地说明做官的难处。

他在给友人丘长孺的信中写道："弟作令，备极丑态，不可名状。大约遇上官则奴，候过客则妓，治钱谷则仓老人，谕百姓则保山婆。一日之间，百暖百寒，乍阴乍阳，人间恶趣，令一身尝尽矣。苦哉！毒哉！"其中充满了抱怨，他说拜迎上官，自己堂堂一县之长成了接待过往的公差，自己又如娼妓一般，不论对什么人都要笑脸相迎，而且还要看客上菜，见什么人说什么话，上什么山唱什么歌；治理银库粮仓，自己又要比老看守还要细心周到以避免意外发生？此外，自己还要像救世主一样苦口婆心地向百姓宣传各种政策，晓之以理，打动百姓。这对那些一入官场，便如鱼得水的人来说，当然不算什么，但对洒脱狂放以求自由的袁宏道来说，真可谓"苦哉！毒哉！"

明万历二十三年（公元1595年），二十七岁的袁宏道出任吴县县令之初，颇有几分得意，以为自己是吴县名山胜水的主人，可以尽情享乐其间。上任之后，他才知那名山胜水只属于民间富豪、山林隐士以及远近的游客。自己整日被公务缠扰，脱身无术，根本无法去神往的地方寻找快乐。官场生活与自己所想象的生活大相悖离，他怎么承受得了？

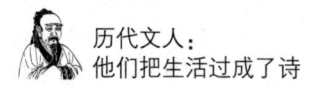

于是在抱怨之后弃官。

袁宏道在老家公安县城南门外购得一片洼地,约三百亩,络以重堤,种柳万株,号曰柳浪。从他三弟袁中道的描述中,可以呈现出这个与柳和隐遁有关的世界:

> 柳浪,汇通国之水,穿桥,入于斗湖。柳浪,实湖也,田之,然常浩浩焉。独其中稍阜者几四十亩,可田。络以堤,堤内外皆种柳及枫,带以渠,渠树之内始为田。田之内地较阜,复为堤周之,堤上复种柳。堤之内,前为放生池,种白莲,亭临之;后渐阜为台。台之上,则柳浪馆在焉,为室三楹,环以渠。台上及堤内外皆种柳。
>
> (袁中道《珂雪斋集》)

这是袁宏道的世外柳园,想必是他日后久居之所,是他拒绝了一些东西之后对另外一些东西的获得。在这里,他得到向往自然的山水和风景,向往的不束缚人性的自由自在的。

做的最多的事当然就是游山逛水。有游就有记,袁宏道的山水游记成为了造访天下美景的一种绝佳的记录,而且不拘格套。无论是大笔勾勒,还是精工细雕,呈现在人们眼前的都是一幅幅形象逼真色彩绚丽的自然山水画卷,既有南国的秀色可餐,也有北地的景色宜人;既有清风明月,也有朝晖暮烟,而且语言凝练俊美、行文潇洒倜傥。如《初至西湖记》一篇,仅用四句十六字就点染出了西湖的全景:

> 山色如娥,花光如颊,温风如酒,波纹如绫。
>
> (袁宏道《初至西湖记》)

第五章
大师归隐乐，活出高格调

苏东坡诗中的西子美人，在袁宏道的笔下就有了具体可感的花容月貌，让作者一见倾心，其如痴如醉的程度，就像曹子建梦中初遇洛神般神魂颠倒。

宏道游山玩水不知疲累，乐而忘忧。一次，他游"天池"，看到山间景色宛然如画，激动不已，想找个人说说，但环顾身边，没有一个可以交谈的人，于是就问两个仆役景色"佳否？"，二人均回答："疲甚，那得佳！"而袁宏道依然攀行不止。到了山腰，放眼望去，"屏山献青，画峦滴翠"，顿感"两年尘土面目，为之洗尽"。

但能亲近山水的人要多几分怪癖，才可尽享那分投入的快乐，又要有几分超然，才无视众人讶异的目光。在《游高梁桥记》中，袁宏道说得十分明白："跌坐古根上，茗饮以为酒，浪纹树影以为侑，鱼鸟之飞沉，人物之往来，以为戏具。堤上游人，见三人枯坐树下以若痴禅者，皆相视以为笑。而余等亦窃谓彼筵中人，喧嚣怒诟，山情水意，了不相属，于乐何有也？"

读至此处，心已随之而去，恨不能也如那三人枯坐树下以若痴禅者也。

菊花因陶渊明而无憾，那么山水会因袁宏道而无憾。袁宏道归隐之后做山水的知己，代山水立传，为景物描容，每一寸山水在他笔下都有不同的妙处，每一种景物在他眼中都有不同的乐趣。

归隐，有了那么多欣喜。

王士祯：醉爱羲之迹，闲吟白也诗

王士祯（1634—1711年），原名王士禛，字子真，一字贻上，号阮亭，又号渔洋山人，世称王渔洋，谥文简，山东新城（今桓台县）人，常自称济南人。清初杰出诗人、文学家，继钱谦益之后主盟诗坛，与朱彝尊并称"南朱北王"。诗论创"神韵"说，于后世影响深远。早年诗作清丽澄淡，中年转为苍劲。擅长各体，尤工七绝，著有《池北偶谈》《古夫于亭杂录》《香祖笔记》等。

第五章
大师归隐乐，活出高格调

山东新城王家，自明代开始以来就历代显贵，至清康雍乾三朝而达极盛。

在这个文人代出的家族里，王士禛无疑是一个可领袖文坛的传奇式人物。方其年少读书起，他的这种能力就表露无遗，而我们所要讲述的故事就开始在这个地方。

王士禛的祖父王象晋曾官至浙江布政使，然而为官正直的他却屡次遭到小人的诽谤。于是一怒之下，他辞官不做转而回到故乡，一心教诸孙读书。一日，王象晋偶然多吃了几杯酒，不觉兴致颇佳，遂起泼墨作书之意。乃命王士禛、士禄诸兄弟，奉文房四宝于庭上，继而挥毫草书"醉爱羲之迹"几个大字。看见祖父书写如此淋漓尽致，时年十岁的王士禛猛然间也心有所动，脱口而出"闲吟白也诗"以对。祖父闻之，大为惊讶，他没想到士禛竟然能对得这么工整，因此对眼前这个刚满十岁的孙子越加珍爱。只是那个时候，年幼的王士禛还没有充分体味出此联中的况味，这最终留给他用一生去品味。

这样在祖父的言传身教下，王士禛从少年开始就渐有文名。远近乡里谈论起来，无不啧啧称赞。在这种环境下成长起来的他，很快就结识了许多山东一地的青年才俊。然而看起来在显宦之家快乐成长起来的王士禛，却依然有着许多难以抹去的心理伤痕，就像李白和王羲之一样，那种关于生死和命运的苦痛在其幼小时就埋下了种子，最终而凝成那首引无数人竞相唱和的《秋柳四章》。

顺治十四年丁酉，金秋时节，济南大明湖畔。一树树高大的柳树倒

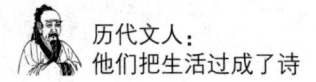

映在湖中，其叶已经微微泛黄，然而这颜色却是可爱的，只是那将坠欲坠的姿态越发在水的波纹中被放大开来，也渐次弥漫到正在赏鉴这秋色的人们心里。就是在这一年，王士祯在众多士子的羡慕中挤进秋闱并进士及第。

按照当时的科举规则，明年他就可以去参加殿试，很可能会当场即选得推官，从而开始得以大展宏图。如今，他刚刚从京师赶回山东，身边已经是聚集了不少此次同时应试的名流。他们三五成群来到大明湖畔，悠闲却又微带着几分惆怅。悠闲的是，他们已经得中进士，似乎就要功德圆满；惆怅的是，明年的殿试是否还能这般地幸运。

王士祯就夹在他们中间，然而他想的却格外地多。面对着眼前秋色中的大明湖和那欲坠的秋柳的叶子，他突然思念起近在咫尺的家乡来。那个曾经被祖父激赏的孩子，此刻已是满眼泪水。循着泪水的痕迹向前搜寻，还有一段比泪水更苦涩的岁月。清军初入关时，中原大地兵匪盗起，一片狼藉。战乱的岁月里，即使是像新城王家这样的大家族也面临着家破人亡的境地。王士祯的庶母张孺人就是在这段岁月里最终离他远去，那个时候他才八岁，便眼睁睁地看着庶母被清军逼着悬梁自尽。而今他却正在走上仕清的道路，前后如此之大的反差，让他不得不陷入深深地思考。于是少年目睹的惨剧加上青年时的春风得意，尤其是那大明湖畔秋柳的沧桑，忽而遇合而成淋漓的文字：

秋来何处最销魂，残照西风白下门。
他日差池春燕影，只今憔悴晚烟痕。
愁生陌上黄骢曲，梦远江南乌夜村。
莫听临风三弄笛，玉关哀怨总难论。

第五章
大师归隐乐，活出高格调

娟娟凉露欲为霜，万缕千条拂玉塘。
浦里青荷中妇镜，江干黄竹女儿箱。
空怜板渚隋堤水，不见琅邪大道王。
若过洛阳风景地，含情重问永丰坊。

东风作絮糁春衣，太息萧条景物非。
扶荔宫中花事尽，灵和殿里昔人稀。
相逢南雁皆愁侣，好语西乌莫夜飞。
往日风流问枚叔，梁园回首素心违。

桃根桃叶镇相怜，眺尽平芜欲化烟。
秋色向人犹旖旎，春闺曾与致缠绵。
新愁帝子悲今日，旧事公孙忆往年。
记否青门珠络鼓，松枝相映夕阳边。

（王士禛《秋柳四章》）

当王士禛将心中所想一字一句地吟出，他顿觉整个身心都轻松了许多。同游湖畔的士子无不惊讶于王士禛的诗才，不由得心生佩服，就连那些前明遗老闻之此诗，也是煞有感慨。士子们从中感悟到人生无常的盛衰之感，而遗老们却陷入了深沉悲痛的故国之思。然而眼前的秋色却是一样的，高大的柳树、将坠的黄叶、澄明的秋水，所有这一切借助王士禛的诗句在每个人心中混合酝酿着，终于产生了一次影响深远的秋柳唱和。

遗老的故国、士子的梁园顷刻间杂糅成章，蔚为壮观。忽而人群中有人早已按捺不住心中的万般情绪，高声提议道："既然今天我悲各有

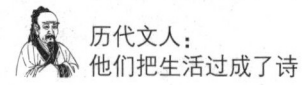

抒怀，何不仿当年王羲之春游之故事，将个人所作结集成册，我辈当以秋柳诗社名焉。"这个提议引得大家无不大声附和，寂静的大明湖边热闹起来。秋柳诗社的名字一经提出来，王士禛便成为众人公推的诗社领袖，从此亦开创了一个王士禛的文学时代。

暮年时节，当王士禛重新回忆起年少轻狂的这段岁月，他的感慨更是犹如决堤的潮水不可遏制。晚年的王士禛已经染上疝气，时而发作的病痛，只能让他终日卧床不起。家居里巷，岁月奄忽，回想起当年大明湖畔指点江山的盛况，他不禁自得满满。"顺治丁酉秋，予客济南。时正秋赋，诸名士云集名湖，一日会饮水面亭，亭下杨柳十余株，披拂水际，卓约近人。叶始微黄，乍染秋色，若有摇落之态。予怅然有感，赋诗四章，一时和者数十人。又三年，予至广灵，则四诗流传已久，大江南北和者甚众。于是《秋柳》诗为艺苑口实矣。"然而王士禛并没有完全沉浸在这种自恋式的狂想当中。暮年的病痛尤其加重了他在少年时就有的那种生死寄寓的沉重之感，特别是对王羲之和李白的感悟，正在成为他暮年的精神支柱。

王羲之醉书兰亭，李白闲吟山海，这是两个多么相通的生命。面对着自己将如秋叶一样陨落的身子，王士禛似乎已经明了，二贤的志趣才是自己最终生命的指归。

第六章　横空出世惊，飙歌怒放的生命

---●---

我想要怒放的生命，像伫立在彩虹之巅，像穿行在璀璨的星河，拥有超越平凡的力量。我想要怒放的生命，就像飞翔在辽阔天空，就像穿行在无边的旷野，拥有挣脱一切的力量。

王勃：滕王阁上书妙文

王勃(约650—约676年)，字子安，唐代诗人，古绛州龙门(今山西河津)人，出身儒学世家，与杨炯、卢照邻、骆宾王并称为"初唐四杰"，王勃为四杰之首。王勃在诗歌体裁上擅长五律和五绝，代表作品有《送杜少府之任蜀州》，主要文学成就是骈文，无论是数量还是质量上，都是上乘之作，代表作品有《滕王阁序》等。

第六章
横空出世惊,飙歌怒放的生命

唐上元二年(公元675年),时无官职的王勃背起行囊,去遥远的交趾看望老父,途经江西地界。说起江西,谁人不知滕王阁!

滕王阁是滕王李元婴在洪州任都督时建造的,所以也被称为洪府滕王阁。滕王是高祖的二十二子,政绩毫无建树,却"工书画,妙音律,喜蝴蝶,选芳渚游,乘青雀舸,极亭榭歌舞之盛",名声并不好。他在南昌留下的这座高楼,足以使之青史留名。但建筑只是砖瓦,有了文人雅士的歌唱才能大放异彩,建造了二十余年的滕王阁一直在等待让它光耀千古的文章出世。

当时洪州的都督是阎伯屿,恰恰将滕王阁重修一番,计划在重阳佳节,于阁上大宴宾客,以示庆贺。

重阳那日,王勃刚好进入洪州地界,也被邀请入列。那一日,滕王阁上名流云集,大家把酒言欢,王勃在长安有盛名,在豫章故郡倒是没有那么大的名气,所以被安排在末座。席间,阎大都督向满座宾客敬酒,提议在这秋高气爽的九月,在滕王阁重修落成典礼之际,由各位文人雅士写序,以应天时地利之美。老阎举着酒盏,高声道:"重阳佳节,高阁新修,诸才贤云集于此,实百年之盛会,岂可无文章以记之。老朽诚请各位挥妙笔,作赋为序,使我滕王高阁与风流辞句,千古同存。"

大家彼此都知道阎大都督筹划集会,一来是代天巡狩躬逢盛事,二来是威慑地方彰显权威,三来是明修栈道暗度陈仓——他的女婿吴学士初出茅庐,需要一个合适的场合抬高身价。阎都督事先就已经安排吴子章写好文章,宴会上却又故意捧出纸笔遍请众宾客撰文为记。与会的大

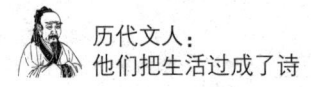

部分人,对阎都督的老谋深算都心里有数,所以饮宴之时言辞谨慎,写诗做赋都很迁就。

"王子安不才,斗胆试笔,望阎都督及各位贤才多多指教",王勃起身。说话间,小伙子身上已聚集了上百双惊诧的目光。

事实上,王勃的不识时务使得阎都督老大不高兴,拂衣而起,转入帐。

而此时的王勃思绪万千,他在想虢州参军的日子,想蜀中漫游的时光,想沛王府的建言献策,想自己童年成名,甚至还有祖辈那已远去的荣光,以及前去交趾的万里路途。

他已顾不得许多,他要面对着千里赣江风貌,写尽心中不平事,要把自己的命运融入历史的长河之中,去叩问苍天可曾给过他机会可否还有期待,他要让自己的生命有解脱般的升华。

王勃像一头雄狮,在这高阁上,意气风发地低吼着:

南昌故郡,洪都新府。星分翼轸,地接衡庐。襟三江而带五湖,控蛮荆而引瓯越……落霞与孤鹜齐飞,秋水共长天一色。渔舟唱晚,响穷彭蠡之滨;雁阵惊寒,声断衡阳之浦。……关山难越,谁悲失路之人?萍水相逢,尽是他乡之客。怀帝阍而不见,奉宣室以何年?嗟乎!时运不济,命途多舛。……勃,三尺微命,一介书生。无路请缨,等终军之弱冠;有怀投笔,慕宗悫之长风。舍簪笏于百龄,奉晨昏于万里。……兰亭已矣,梓泽丘墟。临别赠言,幸承恩于伟饯;登高作赋,是所望于群公。

他一路上跋山涉水遍访古人胜迹,吟咏唱和尽吐胸中块垒,终于在滕王阁上面对着千里赣江风貌,驰目四方,思接万里,酣畅淋漓地写下了这一生的不平事。前尘往事历历在目,此去经年又待何如?

第六章
横空出世惊，飙歌怒放的生命

随着王勃的挥毫，阎都督的态度也慢慢地在变化。刚开始的时候，他还不屑一顾，觉得不过是几句老生常谈，继而又沉吟不语并暗暗称奇，当报到"落霞与孤鹜齐飞，秋水共长天一色"时，他不得不赞道："此子落笔若有神助，真天才也，此文当垂不朽矣！"

作壁上观的众人哑口无言，内室的阎都督早已趋步而出，高阁有灵，想必此时也已是眉飞色舞。

王勃来到都督面前，施礼道："子安不才，在此献丑，望都督赐教"

阎都督高兴地说："贤君下笔如有神，字字珠玑，句句精彩，真乃当世之奇才！"

王勃被敬请上座。阎都督呼左右置酒，众人举杯庆贺，满座宾客一起吟诗作赋。

此时的王勃登高望远般的博大，似乎乘长风破万里浪的豪情，仿佛又站立于京都长安的高楼，登上骊山之巅，放眼天下。偏远的古蜀国，滔滔的岷江水，烟雾迷蒙中的岷江五渡口，都有大唐的驿站，都是大唐的诏书能够到达的地方。终军十八岁请缨于汉武帝立誓一定说服南越王系颈受降；宗悫年少抒发"愿乘长风破万里浪"的浩歌；班超青年志于立功西域投笔从戎。朋友年少都不贱，生逢其时，又值风华正茂，正是报国的好时光啊！

海内知己，天涯比邻，心事漂泊，生涯苦辛。王子安与滕王阁擦肩的一瞬，才情绝唱，镌入历史。

半年之后，传来王勃渡海溺水而亡的消息，年仅二十七岁，天妒英才，闻者无不失声。但千百年来，更多的人宁愿相信，王勃是羽化升天，仙界逍遥去了。

骆宾王：叱咤人生，剑指武则天

骆宾王（约638—684年），字观光，汉族，婺州义乌（今浙江义乌）人，唐代诗人，与王勃、杨炯、卢照邻合称"初唐四杰"。又与富嘉谟并称"富骆"。

第六章
横空出世惊，飙歌怒放的生命

那个非法把持朝政的武氏，性非和顺，出身寒微。初为太宗姬妾，曾以更衣之机而奉侍左右。到后来，秽乱春宫。隐瞒先帝曾对她的宠幸，阴图在宫中专宠的地位，狐媚惑主。登上皇后宝座，把君王推到乱伦境地。……

《代李敬业传檄天下文》一出，天下吃惊！

他的作者是神童骆宾王，也是初唐四杰之一骆宾王。

唐贞观二十二年（公元648年），武则天废去刚登基的中宗李显，另立李旦为帝，伺机登位称帝，建立大周王朝。此举惹恼了李敬业，他在扬州起兵抗议，骆宾王被高薪聘请入李敬业集团，作为负责宣传的职员。写文章是骆宾王的强项，再加上他曾经受辱于武则天，这一次一雪前耻的机会来了。骆宾王挥手而就的这一篇檄文就是向武则天发难。

骆宾王的一生就像是滚滚奔流的大江上的一朵浪花，它生在一个波澜壮阔的时代，有一个喑呜叱咤的人生。

他的《为徐敬业讨武曌檄》写得如太阿神剑出鞘，锋锐无比，千年之后读起来依然凛凛有生气。自古以来骂皇帝的人和文章，很少。骂又骂得好，而且骂得千载留文的，极少。骆宾王以才情和胆量完成了这一壮举。檄文写得很好，如长虹凌空，迅雷震宇，举兵起事的消息传出，一纸檄文天下动，"旬日间得兵十万"。部队出发了，将士们义无反顾，甚至沿途在吟唱着骆宾王创作的一首《在军登城楼》：城上风威冷，江中水气寒。戎衣何日定，歌舞入长安。

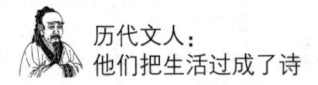

骆宾王觉得这算是实现着自己吧,突破了自我,觉得自己站在了一个军事集团的高度,站在一个国家命运的高度,去审视一个女人的种种行为。他扯开了喉咙,放声呐喊,大声疾呼:人民都起来吧,反抗这个女人的非正义行为!

有着这样的心情与抱负,檄文写起来顺手极了,铿锵如铁,气吞万里,将武则天"包藏祸心,窥窃神器"的种种不光彩的丑事写得入木三分,跃然纸上。当年的陈琳写了《讨曹操檄》,也是笔力雄劲,直指要害,曹操读后,悚然汗出,一跃而起。很快,这篇檄文就传遍天下,也传到了被骆宾王形容为"女魔头"的武则天耳中。武则天听读檄文,先是哂笑,渐渐地,渐渐地,刀锋寒光,刀剑出鞘,估计气得很是不行。

据说,武则天起初以为此文不过一腐酸文人的泄私愤之作,并未多加理会。待些时间想看看到底是写了些什么,她并不发怒而是带着欣赏的兴致来读这篇文章。确实,这篇文章前面的什么"加以虺蜴为心,豺狼成性。近狎邪僻,残害忠良。杀姊屠兄,弑君鸩母。神人之所共嫉,天地之所不容"之类的话,有点胡乱谩骂的口吻,虽然言词狠,杀伤力却不大,读到"一抔之土未干,六尺之孤何托"时,她怫然作色说:"如此人才不用,真是宰相的过失。"她觉得不安了,因为这两句写得极有煽动性,抓住了唐朝宗室旧臣们的心情,来引起对李唐社稷的眷恋,从而激起对武则天的愤怒,确实很有杀伤力。这其实也就是骆宾王想要的效果,你的担心害怕就是我的快意!

骆宾王一生都在行吟高歌,他是一个诗歌号手,性格中乃至骨子里充满了正气,路见不平,立即化笔成枪,讨伐不义之举。起初参政时候长安主簿入朝为侍御史,武则天当政,骆宾王就多次上书讽刺,得罪人狱。在檄文中"一抔之土未干,六尺之孤何托"确实给武则天致命的打击,"先帝的坟土尚未干透,我们的幼主却不知被贬到哪里去了?"这样近

第六章
横空出世惊，飙歌怒放的生命

乎于指名道姓的行文，深谙历史典故的武则天不会不明白其中玄机。她在惊愕的同时，也被此文作者的胆识和才情所震撼，读完之后又反复赞叹，说："骆宾王的文章固然了不起，但徐敬业的武功却未必匹配得上。"武则天对于徐敬业的起兵是不以为然的，小泥鳅能在大海里扬波吗？起义被镇压之后，骆宾王也不知去向，不过天山积雪、交河绝塞、戈壁流沙、边庭落日，处处都有他的痕迹；戍楼烽火、野气狼烟，处处皆拌着骆宾王浓浓的爱国情思和羁旅的感慨，凝铸成一首首情真意切的军旅诗歌，成为有唐一代边塞诗的先声。昔时人已没，旧诗成绝响。一代诗坛天骄，挥袖赴远方，当年风流，不胜记述。

崔颢：千古绝唱，独步李唐

崔颢，汴州（今河南开封市）人，唐代诗人。唐开元年间进士，官至太仆寺丞，天宝中为司勋员外郎。《全唐诗》收录诗四十二首。

第六章
横空出世惊，飙歌怒放的生命

这一天，黄鹤楼上迎来了一群有趣的客人，这些人衣冠整洁，手拿折扇，说起话来，文绉绉的，偶尔还会摇头晃脑整出几句诗歌。人群中最为显眼的是中间那位，身穿一袭白衫，不染一尘，头戴纶巾，腰配宝剑，手中执酒杯，一缕美髯垂在胸前，被同行之人如众星捧月般簇拥上黄鹤楼。这人不是别人，正是被唐诗博士生导师贺知章誉为"谪仙人"的李白。这年李白二十八岁，刚刚在湖北安陆北寿山与前宰相许圉师的孙女完婚，当了乘龙快婿。春风得意之际于是便鼓动大家去传说中的黄鹤楼游玩。

传说黄鹤楼山脚下曾有辛氏开设的小店，有一老道常来喝酒却不给钱。为了感谢主人的千杯之恩，老道用橘子皮在墙上画了一只黄鹤，接着以手打节拍，一边唱着歌，墙上的黄鹤也随着歌声，合着节拍，蹁跹起舞，酒店里其他的客人看到这种奇妙的事都付钱观赏。从此宾客盈门，生意兴隆。多年后，道士云游回来，吹起笛子，黄鹤展翅飞出墙壁，道士骑鹤成仙。酒店老板便在此造楼，取名黄鹤楼。

这帮文人提着酒壶，兴冲冲地登上黄鹤楼，都在期待李白斗酒后能题出仙音，骄傲的李白也在预计遍览前人题诗之后技超前人。他登楼远望，只见在阳光的照射下，汉阳城的树木都能看清，长江中的鹦鹉洲上，一偏翠绿，万物生长，犹如梦境般美丽。李白喜不自禁，拿起笔就要当场赋诗。忽然他抬头看到楼壁上有着几行诗句，署名崔颢。反复读了几遍，不禁痛心疾首，拳擂四壁，大呼："世间怎能有此好诗？"他觉得，自己心中已有的灵感，比此诗相差太远，便决定不再题写，只在崔颢诗歌的后面写下一首打油诗："一拳击碎黄鹤楼，两脚踢翻鹦鹉洲。眼前

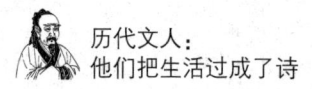

有景道不得，崔颢题诗在上头。"然后领着一干酒友扫兴而回。

两年前，崔颢登上大名鼎鼎的黄鹤楼，临江远眺，只见大江滔滔，烟波浩渺，不由得心生感慨。遥想自己二十岁时就离家赶考，高中进士，从政边关，至今已有二十余年。如今站在黄鹤楼上，独对长江，想起少年时的荒唐事，不禁好笑。

崔颢少年轻狂，除了写诗，没啥爱好，业余的时候就喜欢去赌坊扔两把色子。这天，他做完功课，正和赌友们玩得欢畅，忽然家中小厮跑进来说："公子，喜事！李老爷有请，快些回家。"崔颢正在兴头上，头都没回，问道："哪个李老爷，找我做甚？"小厮说："还有哪个？李北海老爷啊？"崔颢一听，噌地蹿起来，兴奋道："你不早说。"拉起小厮就走，身后赌友见他要走，抓住他的衣袖喊道："怎么赢钱就跑啊"，崔颢也不顾这些，甩开赌友，一溜烟便跑回家。崔颢当然知道李老爷有意栽培自己，于是精心打扮一番，还将自认写的最好的诗挑了出来，满怀激动地朝官府走去。

李北海就是李邕，官职北海太守，属于地方最高官员。文章做得好，字也写得好，人称"右军如龙，北海如象"。右军就是王羲之，可见这老爷子的威望。他听说有个叫作崔颢的年轻人，诗歌做得很不错，便有心提拔。派人去请，顺便还打扫了下房间。崔颢出现在客厅，让李邕眼前一亮，想这小伙子干干净净，长得也挺帅，果然一表人才，寒暄几句，崔颢便恭恭敬敬地将自己的诗呈给老爷看。谁知李邕接过了崔颢的献诗，翻开一看，首章诗歌名竟叫《王家少妇》，诗曰："十五嫁王昌，盈盈入画堂。自矜年最少，复倚婿为郎。舞爱前溪绿，歌怜子夜长。闲来斗百草，度日不成妆。"李邕不禁勃然大怒，喝道："小儿无礼，竟拿春闺诗戏弄我！"将诗往桌子上一扔，拂袖而去。崔颢碰了钉子，却也并不在意，此处不留我，自有留我处，于是远赴边塞，从而写下不少边塞诗，

第六章
横空出世惊，飙歌怒放的生命

雄浑奔放。

试想，李北海治学严谨，疾恶如仇，还有点古板，给他看春闺诗，不是往钉子上碰嘛。崔颢越想越好笑，忽然产生一个想法，不如回家看看，于是一阵畅快，抬头再看，江山如画，黄鹤楼雕栏玉砌，前临江水，后枕汉阳。不远处，群山巍峨，江面上，几点云帆，随长江东流，直达天际，轰鸣涛声，犹如两军对垒，万马其奔。水天一色，崔颢似乎看见当年英姿飒爽的孙仲谋君临天下，站在江夏兵楼上，检阅东吴水师。江中有一小岛，芳草萋萋，因祢衡曾在此作《鹦鹉赋》，故得名鹦鹉洲，崔颢又想起不侍权贵的祢衡，被曹操贬为鼓吏，裸身击鼓骂曹操眼浊口浊耳浊身浊腹浊心浊，是何等豪气。传说中羽仙费祎因贪恋人间美景被玉帝贬至凡间，后重召回天仍常乘黄鹤故地重游，召集兽聚会于此畅饮。白云暮鼓，江水接天，可是时间如江水，流逝不回，于是崔颢要来笔墨，信笔在墙上写下首诗：

昔人已乘黄鹤去，此地空余黄鹤楼。
黄鹤一去不复返，白云千载空悠悠。

这四句笔走龙蛇，一发不可控制，思绪如江水奔流，滔滔不绝，气势如云滚，直上九霄，只因崔颢心中灵光乍现，就顾不得平仄、对仗等的束缚了。崔颢写完上半首，换了一口气，又把刚才凭栏远眺时看到的景象和想回故乡看看的想法，用工整合律的笔法写下去：

晴川历历汉阳树，芳草萋萋鹦鹉洲。
日暮乡关何处是，烟波江上使人愁。

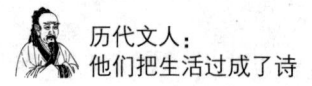

写完八句诗，崔颢上下读了一遍，觉得自己太有才了，虽然打乱了诗歌的规律，但是不拘一格，于是署上姓名籍贯，心满意足地走了。

崔颢乘船回老家，在那条熟悉的江上，少年时候记忆件件浮现眼前，和朋友在一起读书、写诗、赌钱、游玩，好不快活，一丝满足的微笑浮上嘴角。船家是个十五岁的少女，在停船的空当，主动去和偶尔相逢的邻船的小伙子唱歌攀话。作家崔颢哪能放过如此生动的细节，于是拿出速写本，把情趣盎然写下：君家何处住，妾住在横唐。停船暂借问，或恐是同乡。家临九江水，来去九江侧。同是长干人，生小不相识。这便是千古名篇《长干曲》。搁笔之后，崔颢又想到当年嫁与王昌的邻家小妹，少年时候的荒唐往事再次浮现在眼前，这些美好的场景怎么是当官能够体验到的？如今自己独享这种美妙：诗人，少女，江水滔滔，加上空气中不断飘荡的动人的歌声，这一瞬间，真让崔颢兴奋不已，心中的喜悦让他忍不住哈哈大笑起来。

他若知道，此时诗仙李白正在家愁眉苦脸地模仿着他那首被后人称为"千古绝唱，独步李唐"的《黄鹤楼》，创作着《鹦鹉洲》的时候，是不是会笑得更加开心，更加得意呢？

张旭：酒神助，我且狂

张旭（675—约750年），字伯高，一字季明，汉族，唐朝吴县（今江苏苏州）人，开元、天宝时在世，曾任常熟县尉，金吾长史。

以草书著名，与李白诗歌，裴旻剑舞，称为"三绝"。诗亦别具一格，以七绝见长，与李白、贺知章等人共列饮中八仙之中。与贺知章、张若虚、包融号称"吴中四士"。书法与怀素齐名，被后世尊称为"草圣"。

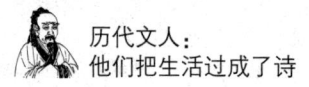
历代文人：
他们把生活过成了诗

> 张旭三杯草圣传，脱帽露顶王公前，挥毫落纸如云烟。
>
> （杜甫《饮中八仙歌》）

洛阳城沸腾了。

一夜之间，皇榜贴遍了洛阳各个角落。

当今皇帝诏曰：李白的诗歌、张旭的草书、斐旻的剑舞可成为天下的"三绝"。

在一个皇权专政的时代，能得到皇帝的亲笔嘉奖，这对于天下的读书人来说都是一个莫大的殊荣啊。

此时，张旭的家里已经是门庭若市。本就好热闹的他对于这个封号倒真是没有什么太看重的，但是一下子来了这么多相熟的宾客，确实让他感到兴奋。

管它什么"三绝"不"三绝"，先喝它个痛快再说。

张旭善饮，这在圈内也是出了名的。而且大家知道，张旭每次挥毫之前，必要饮美酒，一直喝到东摇西晃，站立不稳。如果没有了酒，张旭可能就写不出那令人赏心悦目的书法了。

在酒中，张旭才能感到创作的灵感。

那是一种多么奇妙的感觉爱！分明还在这个人世间，脚下大地却显得不像平常那么坚实，好像一脚下去就可以把大地踩个窟窿，而自己就会从这个窟窿中坠进一个深渊。而且是一个没有底的深渊。

周围看客指指点点，更增加了张旭的豪情。人有时候真的很奇怪，

第六章
横空出世惊，飙歌怒放的生命

正常的时候总是只能看到一些表面的东西，竟不如醉酒时看得那么清晰。

难道并不是我醉，而是他们醉了？

别笑我疯癫了，兄弟。其实，你不知道，待会你就跑到我的字里面去了呢。

张旭第一次悟出来人与字的关系是在街上散步的时候。

那天，他吃完晚饭，正在街上遛弯。突然看到两个人站在街中央吵了起来。原来两个人相向而行，不小心撞了一下，不知道两位都是心情不爽还是怎么的，就吵了起来。街上的行人似乎都很愿意看免费演出，结果里三层外三层地把两个演员围了起来。

张旭从来不去凑这个热闹。那时他正为自己的书法技术到了一个瓶颈而苦恼：他好像只能在目前的层次上书写，但他又分明感到眼前雾蒙蒙地看到了什么东西，这个东西对于他的书法技术是至关重要的，但是让他恼火的是他却怎么也看不清那个东西是什么。一层窗户纸而已！张旭为了捅破它几乎都变得神经了——那时候的张旭还是个非常文静的读书郎呢！

张旭就想回家了。但是看热闹的人实在太多了，把本来就不算宽阔的街道堵了个水泄不通。张旭侧着身子，见缝插针地往前行走。一路上不知到碰到了多少人的肩膀，而且被人家的目光杀死了一遍又一遍。

好不容易挤出来了，张旭颇有成就感地回了一下头，看到的仍是摩肩接踵的景象。

张旭不由得长出了一口气，心说总算挤出来了。

挤？对啊！刚才自己一路挤来，不就是一幅好字吗？人们相撞之后身体的形态，拥挤时候身体的变形，甚至还有人的表情……

哈哈哈！天助我也！那层雾气终于消散。

是夜，以前很少喝酒的张旭豪饮三坛陈年女儿红！

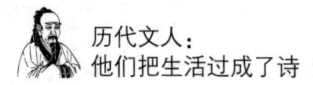

当然，变化的不只是酒量，还有书法。朋友们再来切磋书法技艺的时候，几乎都对张旭的新作大吃一惊：这家伙怎么一夜之见提高了这么多！而且他们分明已经感觉到这已经不是寻常地写字，而是已经成为艺术。

哦，对了，这是自己第一次突破瓶颈，而第二次突破来得可能更为容易一些：那是在娱乐中地偶得。

还记得那是在邺县吧，本来是去看望一个很久没有相见得老朋友。在那里逗留了半个月，本来已经该回去了。但是正好听说剑舞的创始人公孙大娘要来邺县演出。老友便极力怂恿我前去看一看，于是我便有幸见过公孙大娘优美绝妙的舞姿。刚烈的时候，就像后羿射日那样地壮阔落；娇媚的时候，就像游鱼在水中那般自由；起始的时候，就像万钧雷霆刚刚收回它的震怒；结束的时候，就像江海凝滞时反射的清光。

就在观看舞蹈的时候，我不由得为之动容且浮想联翩：她将左手挥舞过去，我立即触到了这个姿势像什么字；她间或的跳跃旋转，我觉得像草书中笔锋的'使转'；而整个的姿态音容，又给了我草书结构的启发。但好像只能意会，却没有办法写出来。

观舞回去之后，我的书法好像又到了一个新的瓶颈。

我以为自己这次再也无法突破，结果贵人还是出现了。

不能忘了那个老翁啊！那时候我应该是在常熟做县尉的时候吧。十多天，有一个老翁说他的鸡被隔壁王二家的狗给咬死了，来县衙讨说法。我判王二赔偿他的损失。不料过了几天，他又来求判，我就很气恼第对他讲："为了一件细小闲事屡次来吵扰衙门，你不知道这会被处罚吗！"没想到他却回答说："我实在不是为了再来求判，而是因为看到你上次判决书上的书法笔迹奇妙，想多得一些作为墨宝珍藏起来。"我很惭愧，于是请酒向老人家赔罪。席间我得知这老翁家藏有其先父的遗墨精品时，

第六章
横空出世惊，飙歌怒放的生命

就要他拿来观览。没想到看到老翁先父的墨迹时，我一下子就联想到公孙大娘的舞蹈了，这个无名的书法家已然融汇了我想要的东西，不由的感叹。从此张旭尽得运用笔法的妙旨，书艺大进，得了一个"草圣"的虚名。

生活，也许生活真的是艺术的源泉吧。

算了，不想了吧。这么多宾客等着呢。今天太高兴了，我一定要写个痛快！

张旭开始口中念念有词，绕着屋子踉踉跄跄地飞奔。一边奔跑一边大喊大叫，如醉如痴，如颠如狂。突然，他随手就操起了桌子上摆好的那支饱蘸水墨的狼豪，似醒似醉，摇摇晃晃地走到桌旁摊开的宣纸旁，笔端一泻千里。

刹那间，笔墨淋漓。是气吗，你看那满纸氤氲，变幻多端，好像草原上野马奔驰，飘忽不定；是形吗，那些方块字如蛟龙戏水，动感遍布纸上。

再看张旭，亦动亦静，动静交错。脸上一会是梦幻般的彩色，一会是山岳般地凝重。神色波澜起伏而又变化分明。

哦，写到最精彩之处了吧。你看，那字分明是潜在海底的青龙已然破海而出，直飞云霄。天地为之变色，万马为之齐喑。呵，张旭果然写到最高兴指出了。他把自己的头发泼上了墨汁，开始用发书写。

此时，张旭已然与酒神同在。

书毕，张旭径直躺了下去。

今夜，又是一场好梦啊！

韩愈：犯颜直谏，上《论佛骨表》

　　韩愈（768—824年），字退之，河南河阳（今河南省孟州市）人，自称"郡望昌黎"，世称"韩昌黎""昌黎先生"，唐代杰出的文学家、思想家、哲学家，政治家。韩愈是唐代古文运动的倡导者，被后人尊为"唐宋八大家"之首，著有《韩昌黎集》四十卷，《外集》十卷，《师说》等。

第六章
横空出世惊,飙歌怒放的生命

佛者,夷狄的一种法术。自后汉流入中国,上古从来没有。而上古时皇帝活得一个比一个长寿。汉明帝时,始有佛法。明帝在位,才仅仅十八年。其后乱亡相继,国运不久长。由此观之,佛不足以信奉。我认为睿圣文武的皇帝陛下,神圣英武,数千百年已来,未有伦比。臣常以为高祖消灭佛教的意愿,一定会在陛下手中得以实现。今闻陛下令大批僧人迎佛骨于凤翔,陛下亲自登楼观看,将佛骨抬入宫内,还命令诸寺轮流供奉。臣虽愚蠢,也知陛下一定不是被佛所迷惑,哪有圣明若此,而去相信佛骨有灵这种事?孔子说:"敬鬼神而远之。"我请求将佛臂付之有司,投诸水火,永远灭绝这个佛僧骗人的根本,岂不盛哉!岂不快哉!

唐元和十四年(公元819年),韩愈向皇帝上了这道奏章,主张把佛骨"投入水火,永绝根本,断天下之疑,绝后代之惑"。龙颜震怒,使宪宗不能容忍的是韩愈对当今皇帝的大不敬,《论佛骨表》中"事佛渐谨,年代尤促""事佛求福,乃更得祸"数语,无异于是诅咒宪宗享年将不久。皇帝几乎要下令杀了他。幸宰相裴度及朝中大臣极力说情,使唐宪宗不得不改变主意,但是仍然把韩愈驱逐出京师,由刑部侍郎贬为潮州刺史。

在位的皇帝唐宪宗,是个非常迷信佛法的人。正月的时候,他派出一大批太监与和尚,从凤翔法门寺护国真身塔内,把所传的佛祖释迦牟尼的一节指骨迎到长安皇宫里供奉，顶礼膜拜。这样大搞三天之后，又把这节指骨送到长安的各大寺院里，依次供奉，搞得满城风雨。上边怎样下边也会立马跟风。一时间，京城内外的王公大臣们就掀起了铺张奢华的狂热活动，以各种形式举行。街头巷尾的老百姓全都议论纷纷，一时迷茫无措。韩愈觉得，皇帝这样崇尚和提倡迷信活动，实在太不正常了，对于国计民生没有一点好处。他就坐下来精心写了一道奏章，就是后来闻名的《论佛骨表》，痛切地指出佞佛是非常有害的事，要求皇帝立即下令制止，并且勇敢地表示"佛有灵，能作祸祟，凡有殃咎，宜加臣身。"

这就是正直。

正直是一个人难得的宝贵品格，是一个人的风骨。风骨常见于诗词曲赋的研究中，但用于形容韩愈的行为也是很恰当的。正直的人就是有风骨的人，他会为了自己的信仰和信念而站直自己的脊梁，纵使有天大的压力也不屈从不弯腰。

结果韩愈遭贬。

当时的潮州是南方海边的荒僻之地，与长安相距约八千里远。民智未开，毒虫猛兽遍地，贬官岭南等同流放，以前的贬官常常会死在那里。被贬谪的官员还要立刻动身。韩愈和哭哭啼啼的妻儿告别，独自一个人就踏上了路程，沿着驿道南下潮州。一路上，他依然坚持自己的正确主张，尽管为反对迷信招来一场弥天大祸，他也毫不后悔，立于马上，观望祖国大好河山。

韩愈的侄孙韩湘，是韩愈侄子韩老成的儿子，两家向来如同一家。韩湘听说叔祖父孤身上路，非常不放心，赶来和他同行，在离京师不远的蓝田远远望见了他。

"叔祖父，等我一等。"韩湘叫道。

韩愈缓缓回头，望望远处，终南山上满布着浓云，天空大雪纷纷扬

第六章
横空出世惊，飙歌怒放的生命

扬下着，积雪堆在蓝田关前的大道上，连马儿都前进不得了。

韩愈低声说："湘儿，有风骨之人，不退缩，吾已认定之事，执着行之。遭贬亦无妨。"

还没有说完，韩愈就控制不住自己积压的感情，一首著名的诗便横空而出：

一封朝奏九重天，夕贬潮州路八千。

欲为圣明除弊事，肯将衰朽惜残年！

云横秦岭家何在？雪拥蓝关马不前。

知汝远来应有意，好收吾骨瘴江边。

诗中正气磅礴，笔势纵横开合，境界雄壮阔大，表达了一种深厚而抑郁的感情，具有撼动人心的力量，意气风发，千年之后的人们读到依然豪情万丈！立马回望长安，但望不见长安，连秦岭也隐在一片烟云中，不忍离去，但始终还是要走。回头上路，为地方百姓谋福利，也无愧内心。

韩愈在《论佛骨表》中说："凡在殃咎，宜加臣身"，这话多么大胆而自信。虽然他为此受了折磨，但佛是奈何不得自己。的确，当唐宪宗死后，换了个皇帝，他又被召回朝廷，为国子祭酒、兵部侍郎、吏部侍郎等，但唐宪宗疯狂佞佛，成了历史的笑柄。

俗话说，老虎的屁股摸不得。如果摸了老虎的屁股必定刺激老虎的敏感神经，它就会反身咬人一口。但偏偏有敢于摸老虎屁股的人，不仅摸了，而且着实让老虎尝到了厉害。韩愈就是这样一个人。那文章方面就更不用说了，苏东坡誉他为"文起八代之衰，道渡天下之溺"，后人推他为唐宋八大家之首，文名远胜诗名，但是论到唐诗犹是绕不开的高峰。他诗文的狂涛迅浪，澎湃汹涌，锐不可挡的气势，像铺天盖地扑面而来，

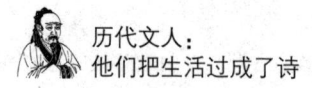

让人有不敢仰视之感。也正是他其人其事与其风骨的体现。

去潮州的路还很漫长,侄孙韩湘陪着他,他知道那里没有容颜倾城的女子,也没有"自作新词韵最娇,小红低唱我吹箫"这样惬意的文人生活,但他丝毫不后悔。

犯颜直谏,为民请命,需要有以身殉职的决心,古今能有几人?

白居易：长安米贵，白居不易

　　白居易（772—846年），字乐天，号香山居士，又号醉吟先生，祖籍太原，到其曾祖父时迁居下邽，生于河南新郑。是唐代伟大的现实主义诗人，唐代三大诗人之一。白居易与元稹共同倡导新乐府运动，世称"元白"，与刘禹锡并称"刘白"。白居易有"诗魔"和"诗王"之称。官至翰林学士、左赞善大夫，公元846年，白居易在洛阳逝世，葬于香山。一生有《白氏长庆集》传世，代表诗作有《长恨歌》《卖炭翁》《琵琶行》等。

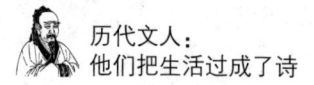
历代文人：
他们把生活过成了诗

江南好，风景旧曾谙，日出江花红胜火，春来江水绿如蓝。能不忆江南。

(白居易《忆江南》)

杭州城里，一个少年在欢快的奔跑着，他一直跑进了太守府，兴高采烈地叫喊着，白居易揉了揉有些酸疼的眼睛，从文案上抬起头，问道："阿新，发生什么事了？"

"爷爷，好消息，白堤修好了。"少年兴奋的回答。

"白堤？"白居易感到有些不解，这是什么？

"您忘了吗？就是去年您下令在西湖边修的长堤阿！这里的百姓都称它为白堤。"

哦，白居易想起来了，杭州城每年雨季的时候都会发水，西湖里的水涨出湖面，流到城里弄得满城都是，形成涝灾；最近几年又连续出现大旱，居民只能依靠从西湖里挑水灌田饮用，但是这样杯水车薪也无济于事。白居易研究了一段时间，发现了一个解决问题的两全其美之法，于是他在去年下令在钱塘门外筑了一道从石函桥至武林门的湖堤，将西湖的内湖水存储起来，这道长堤既可以在雨季时蓄水，又能在旱季时灌溉。没想到还不到一年，这么快就修好了。

白居易站起身，还真有点累了，他想了想，对孙儿说："走，我们看看去。"

阳光明媚，西湖边上，一老一少俩人，并肩走在堤边的垂柳下，"爷

第六章
横空出世惊，飙歌怒放的生命

爷，这次白堤修好，以后就不用再怕水灾旱灾了吧？""傻孩子，光有长堤，如果不好好使用，就和没有是一样的，回去后我还要将何时蓄水，何时开闸灌溉的方法写下来，让人刻在石碑上，好让以后每一任的官员都能学会，只有有了会使用的人，长堤才能发挥出自己的作用。"停顿了一会儿，他好像想到了什么，叹了口气，轻轻说道："这就和人的道理是一样的，只有知人善任，才能使人发挥出自己的作用。"

"爷爷，我不大明白。"阿新眨巴着眼睛，一脸迷惑地说道。

"长大了你就明白了。"白居易爱惜地抚摸着他的头，这个孩子是多么单纯阿，他突然想到如果一直不长大也挺好的，不会面对世间无止境的纷争。

"哦。"阿新抓了抓脑袋，决定不去想这个问题了。突然，他又很高兴地喊起来，"爷爷你看，小草发芽了！"白居易往地上看去，可不是吗？小草已经露出了草尖，从地里钻了出来，浅浅的，才有马蹄那么深，白居易长长地吐出一口气："春天来了。""噢噢，春天来喽。"阿新蹦蹦跳跳往前方跑去。望着孙儿远去的背景，白居易低头看看小草，不禁勾起了他的回忆。

那一年也是个春天，他才十六岁，比现在的阿新大不了多少，但他从小就刻苦用功读书，"昼课赋，夜课书，间又课诗，不遑寝息"，诗词功夫底子相当扎实。有一次，他送一位好友远行，直送到城外十里长亭处，依依惜别之时，望着原野上杂生的荒草，不禁百感交集，当即赋诗一首以送别：

> 离离原上草，一岁一枯荣。
> 野火烧不尽，春风吹又生。
> 远芳侵古道，晴翠接荒城。

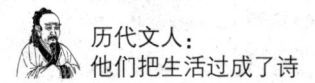
历代文人：
他们把生活过成了诗

又送王孙去，萋萋满别情。

(白居易《赋得古原草送别》)

几年后，白居易决定参加科举的进士科考试，立志像他的祖上一样做一位出色的好官，家里的亲戚朋友知道他的才气，纷纷鼓励他去长安试一试，其中有曾参加过科举的儒生告诉他如何考试的经验，如果想要被取中，不光文章要写得好，还要有考官或权贵赏识才行，因此录取往往很多情况下都是内定的，所以提示他功夫要下在"事前"，考前就要找到长安的名流，把自己最得意的文章拿给他们看，给他们留下良好的第一印象，才能在考试的时候多得一点印象分，这叫作"行卷"，也叫"求知己"。

白居易感到很为难，这样的事情羞于去做，再说他又觉得自己只是个毛头小子，从来没有谁听说过，别人肯不肯见还不一定呢。所以当白居易找到当时的老诗人顾况时，在门口犹豫了很久，但最终他还是勇敢地走进了门，递上了自己的诗稿。

顾况的性格很高傲，瞧不起这个初出茅庐的少年。瞥了一眼诗集上的名字，顾况傲然问道，"你叫白居易？""是的。"白居易谦卑地低下了头。

"哼，长安米贵，白居不易！这里不是那么好混的，你还是回家去吧。"顾况讥讽道。白居易很难为情，但他想了想，还是说："请您看一下我的诗，给晚辈点意见，好吗？"顾况不屑地翻开，诗集的卷首就是这篇《赋得古草原送别》诗，顾况刚打开就大吃一惊，读到第二句"野火烧不尽，春风吹又生"时，不禁拍案叫绝，大声惊叹："你能写得如此好诗，白居也不难了！"事后顾况频频向考官推荐，到处为他说情。

可尽管如此，他也只是诗名鹊起，官场上却毫不得志，蹉跎了十年

第六章
横空出世惊,飙歌怒放的生命

才考中进士,而迟迟开始的官宦生涯白居易也屡屡遭受打击,原因却正是因为他的诗,"一丛深色花,十户中人赋""半匹红纱一丈绫,系上牛头充炭直。"他大量创作的这些同情民间疾苦,揭露官府黑暗的乐府诗得罪很多权贵甚至包括皇帝。宰相武元衡遇刺案,他仗义执言应捉拿凶手,却被指越权,被贬江洲司马,从此开始了颠沛流离的外放生涯。

想到这里,白居易抬起头又是一声长叹,这时他听到一阵阵的嘈杂声,"白大人呢,白大人在哪里?"循声望去,白居易看到阿新后面跟着很多百姓向他走来,他急忙迎上前去,"白大人,这个堤修好,以后真的不会有水灾旱灾了吗?"望着他们急切的眼神,白居易心里不禁感到一丝暖意,定了定神,他大声说:"乡亲们,请放心,有了这个大堤,只要我们齐心协力,就一定能克服水旱灾,过上好的日子。"紧接着,他听到了一片欢呼声。

白居易能感觉得到,这些欢呼是发自肺腑的,这些朴素的百姓不懂得什么是客套,什么叫奉承。望着他们,白居易突然觉得,比起官场上所谓的忠奸之分,正邪之斗,现在的自己才终于做了件实实在在的事,在人群中他也第一次感到,自己对于别人的重要性。燕子从湖边飞过,花瓣在眼前飘起,在湖光柳影的风景中,白居易觉得从未有过的轻松。

他快步走上堤岸,来到一家小店里,要过文房四宝,挥笔写下《钱塘江春行》——

孤山寺北贾亭西,水面初平云脚低。
几处早莺争暖树,谁家新燕啄春泥。
乱花渐欲迷人眼,浅草才能没马蹄。
最爱湖东行不足,绿杨阴里白沙堤。

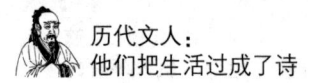

白居易笑着念道:"长安米贵,白居不易。白居确实不易,不过不是因为长安的米贵,而是因为长安的人心。"突然,他很喜欢外放的生活,少了天子脚下的约束,这里有如画的风景和自由,有需要他的人,有他该做的事,还有想写就能写的诗,他想要的应有尽有,还图什么其他的吗?

很多年以后,白居易最想念的还是他在江南的生活,时时,他还会情不自禁地吟唱出那首《忆江南》。

杜牧：东都放榜未花开，却将春色入关来

　　杜牧（803—约852年），字牧之，号樊川居士，京兆万年（今陕西西安）人。因晚年居长安南樊川别墅，故后世称"杜樊川"，著有《樊川文集》。杜牧的诗歌以七言绝句著称，内容以咏史抒怀为主，其诗英发俊爽，多切经世之物，在晚唐成就颇高……

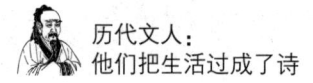
历代文人：
他们把生活过成了诗

呜呼！灭六国者六国也，非秦也；族秦者秦也，非天下也。嗟夫！使六国各爱其人，则足以拒秦；使秦复爱六国之人，则递三世可至万世而为君，谁得而族灭也？秦人不暇自哀，而后人哀之；后人哀之而不鉴之，亦使后人而复哀后人也。

《阿房宫赋》写出来之后，很多书院的书生都聚在一起绝口称赞。

"宫廷的荒淫跃然纸上，字字珠玑，寥寥数语即道出当年秦不知爱惜民力，只知穷搜民财，终至亡国之情状。实在应当引以为当世之鉴，此文极佳。"

"意在借秦之喻，谏当朝帝王。"

"王佐之才降世。"

"观《阿房宫赋》，通古今之变。"

一曲《阿房宫赋》，引来无数人的兴叹，而其作者便是日后那个才华横溢、豆蔻文章的男子，在江南的秦楼楚馆中醉生梦死过后，于白洁的笺上留下墨迹的杜牧。

杜牧洋洋洒洒习文不久，长安城那边的崔郾侍郎便奉命到东都洛阳主持进士科考试。一时间百官公卿都到城门外摆好酒席饯行，车辆之胜，官员之多，举世罕见。此时吴武陵——他是柳宗元的老朋友——正任太学博士，也骑着一头老毛驴过来凑热闹。崔郾正在酒席上喝得高兴，听说吴老这位有名的清流人士也过来了，非常吃惊，连忙离席前来迎接。吴老看见崔郾，把他拉到一边，拍着崔郾的肩膀说："你担负此任，乃

第六章
横空出世惊，飙歌怒放的生命

是众望所归。我老了，不能为朝廷排忧解难了，不如为你推荐一个贤士。前些日子，我偶然发现一些太学生情绪激昂地讨论一篇文章，走近一看，原来是这次要参加考试的杜牧所写的《阿房宫赋》。这篇文章写得真好，这个人也太有才了。崔侍郎你工作繁重，日理万机，恐怕没有闲暇去浏览这篇文章，不如让我为你诵读一下。"

说到这里，吴老就字正腔圆地、摇头晃脑地将《阿房宫赋》读了起来。崔郾也是一个有品味的知识分子，听后也称赞不已。吴武陵乘热打铁，要求崔郾在接下来的考试中将杜牧评为状元。崔郾面露难色，推辞道："状元已经被他人预定了。"

吴老穷追不舍，大声说道："如果真得当不了状元，就退一步吧，第二第三总行吧？"崔郾还在踌躇犹豫，吴老倚老卖老地说："要不给个第五吧，如果还不行的话，就把这篇赋还给我，看有没有比这写得更好的赋"。崔郾迫不得已，只好满口答应，然后目送吴老离开。

回到酒席上，喝酒的同僚问吴博士来做什么。崔郾回答说，吴老推荐了一个人为第五名进士。酒客连忙追问是谁，崔侍郎回答说是"杜牧"。

旁边立刻有人接茬说："听说过杜牧这人，才气是大大的有，只是品行不太好，不拘小节，喜欢烟花风月，好出入娱乐场所。"崔侍郎为难地说："我已经答应吴博士了。即使杜牧是个屠夫或卖酒的小贩子，我也不会改变了。"

抛开主考官话里行业歧视的不良倾向不谈，杜牧这个进士中得有点荒唐。虽然在后人心目中，凭小杜的才华，中个把进士不在话下。但堂堂大唐朝的国家级公务员考试，被他们弄得如同儿戏，听着好像杜牧进士的含金量也打了折扣。

不过杜牧是世家子弟，当年的长安城流行过一句谚语，叫"城南韦杜，去天尺五"，说的就是长安"韦姓"与"杜姓"两大豪门氏族，离天只

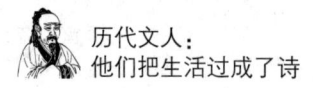

有一尺五,难道还不能走下后门吗?

于是唐大和二年(公元828年),杜牧从洛阳回到长安,参加了由皇帝亲自主持的殿试,又通过了。皇榜公布后,杜牧很高兴,心想,这下光宗耀祖了,全首都人估计都知道俺杜牧的大名了!于是兴致勃勃地到长安最大的风景区——曲江游玩,颇有些"春风得意马蹄疾,一日看尽长安花"的神采与轻狂。

他曾赋诗一首来表达自己的喜悦:"东都放榜未花开,三十三人走马回。秦地少年多酿酒,却将春色入关来。"放榜的时候,洛阳的花儿还未绽开。三十三名中举的进士骑着高头大马得意扬扬地行在街上进,他们要去参加各种庆祝活动,出席各种酒会宴席,喝着秦地的美酒,心情舒畅,满面春风,好像春色也被他们带进了长安。

不过,杜牧生活的晚唐时期,内忧外患日益加重。杜牧从青年起也就关心国事,抱有挽救危亡、恢复唐王朝繁荣昌盛的理想。杜牧在二十三岁时写成《阿房宫赋》,以秦朝的滥用民力、奢逸亡国为戒,给唐朝统治者敲了警钟。《阿房宫赋》引起了人们的注意。不过,人们关注的是他的文学才华,至于他自己所说的忧国忧民的宗旨,依然没有人理会。入仕后他又喜欢说些皇帝不太爱听的话。好在唐敬宗是个沉迷于酒色的主儿,一切悉听尊便。要不然他会死得好惨。

于是,杜牧在诗中讽刺人家在"玉树后庭花"这样的淫词艳曲中堕落沉沦,自己却也在"春风十里扬州路"上丢了魂。自诩有济世经纬的杜牧,必然是一个孤绝的人吧,不然他不会在扬州烟花一般灿烂的春光里,躲在某个风尘女子的栏上,提壶豪饮,醉眼梦书,作一些轻薄的词儿,任其在坊间流唱。

不管怎么,后人还是神往着这个不是英雄的落魄者,想看看他酒醒时朦胧的瞳中泛出了如何苦涩黯淡的光和对红颜作出的心知而又无奈的一笑,这也是独属于自己的欢乐哀愁。

范仲淹：包容天下之快意

范仲淹（989—1052年），字希文，谥文正，亦称范履霜，北宋著名文学家、政治家、军事家、教育家。祖籍邠州（今陕西省彬县），后迁居苏州吴县（今江苏省吴县）。他的文学素养很高，著名的《岳阳楼记》中"先天下之忧而忧，后天下之乐而乐"为千古名句，著有《范文正公集》等传世。

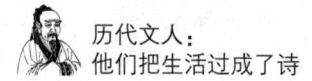
历代文人：
他们把生活过成了诗

范仲淹早年前到过洞庭湖，那时随继父在澧州安乡读书，感叹岳阳景色实在妙然，而最妙的就是那一望无际的洞庭湖水。远衔青山，近吞长江，朝辉夕雾，气象变化无端。一别经年，如今再次回想起来却已是另外一番滋味了。

如今自己到邓州做知州时，昔日好友滕宗谅派人送来一幅岳阳楼图，告诉说他已将该楼重新修葺，并将历代有关的赞扬诗赋，也刻石附立，希望自己为重修后的岳阳楼作记。千古文人墨客登楼的情节不由在眼前浮现：要是在阴霾天气登楼远望，人们常会联想到去国怀乡，并由此感叹身世浮沉，悲凉的心境无意浮现。换一种天气，要是恰好是阳春晴日登上岳阳楼，放眼望去，心旷神怡，心中弥漫喜气，不亦乐乎？这便是岳阳楼的胜景，也是人生的大景观。

宋庆历六年（公元 1046 年）九月十四日的黄昏，在新修的花洲书院里，范仲淹接过了信使呈上的老友来信，秋风送爽，月光明媚。范仲淹手执岳阳楼图一览，夹杂着当年与滕子京同中进士的那种欢欣，舒心畅快，想起二人曾共同参与修复泰州海堰工程的情景，想起两人当年在润州共论天下事的豪情，想起在西北前线二人一同领兵抗击西夏侵略的往事，想起两人一同遭陷被贬的现状，一时百感交集，遂转身进屋，铺纸提笔。

是啊，往事都从脑海中呼啸而出，不可抑止。

范仲淹是苏州吴县人，从小死了父亲，因为家里贫穷，母亲不得不带着他另嫁到一个姓朱的人家。范仲淹在十分艰苦的环境中成长，他住在一个庙宇里读书，穷得连三餐饭都吃不上，天天只得熬点薄粥充饥，

第六章
横空出世惊，飙歌怒放的生命

但是他仍旧刻苦自学。有时候，读书到深更半夜，实在倦得张不开眼，就用冷水泼在脸上，等倦意消失了，继续攻读。这样苦读了五六年，终于成为一个很有学问的人。

范仲淹原来在朝廷当谏官，因为看到宰相吕夷简滥用职权，任用私人，就向仁宗大胆揭发。这件事触犯了吕夷简，吕夷简反咬一口，说范仲淹交结朋党，挑拨君臣关系。宋仁宗听信吕夷简的话，把范仲淹贬谪到南方，直到西夏战争发生以后，才把他调到陕西去。

范仲淹在宋夏战争中立下了大功，宋仁宗觉得他的确是个人才。这时候，宋王朝因为内政腐败，加上在跟辽朝和西夏战争中军费和赔款支出浩大，财政发生恐慌。宋仁宗就把范仲淹从陕西调回京城，派他担任副宰相。

范仲淹一回到京城，宋仁宗马上召见，要他提出治国的方案。范仲淹知道朝廷弊病太多，要一下子都改掉不可能，准备一步一步来。但是，禁不住宋仁宗一再催促，就提出了十条改革措施。

宋仁宗正在改革的兴头上，看了范仲淹的方案，立刻批准在全国推行这十条改革措施。历史上把这次改革称为"庆历新政"。

范仲淹为了推行新政，先跟韩琦、富弼等大臣审查分派到各路担任监司的人选。有一次，范仲淹在官署里审查一份监司的名单，发现有贪赃枉法行为的人员，就提起笔来把名字勾去，准备撤换。在他旁边的富弼看了心里不忍，就对范仲淹说："范公呀，你这笔一勾，可害得一家子哭鼻子呢。"

范仲淹严肃地说："要不让一家子哭，那就害了一路的百姓都要哭了。"

富弼听了这话，心里顿时亮堂了，佩服范仲淹的见识高明。

范仲淹的新政刚一推行，就像捅了马蜂窝一样。一些皇亲国戚，权贵大臣，贪官污吏，纷纷闹了起来，散布谣言，攻击新政。有些原来就对范仲淹不满的大臣，天天在宋仁宗面前说坏话，说范仲淹一些人交结

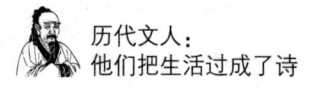

朋党，滥用职权。

宋仁宗看到反对的人多，就动摇起来。范仲淹被逼得在京城待不下去，就自动要求回到陕西防守边境，宋仁宗就把他打发走了。范仲淹一走，宋仁宗就下命令把新政全部废止。

看着手中的岳阳楼图，自己这篇记文要怎么写呢？自己可不愿一般地触景抒情，勾勒洞庭秀色与前人情致之后，联系自己的所见所闻，熔铸些哲理见解在里边，借以激励自己和遭到贬黜的友人们，不是很好吗？

要知道，庆历六年的的范仲淹，已是五十七八岁的老人了。"庆历新政"改革失败，被逐出京都。若是一般人，此时肯定是牢骚满腹，得过且过，喝喝闷酒，骂骂娘，再不会去努力做什么了。但范仲淹不这样，他上任伊始，就四处察访民间疾苦，了解百姓之忧。

仁人志士与俗子的不同之处，就在于他们的情感不轻易地随景而迁。升官发财之日，他们不会得意忘形；遭厄受穷之时，他们也不致愁眉不展，假若身居高职，他们能为民解忧；一旦流离江湖，他们还惦着替君主分愁。这就是在位也忧，离职也忧。

范仲淹并不因为个人的遭遇感到懊恼。范仲淹继续挥笔书写，于是，千百年来一直脍炙人口的散文杰作《岳阳楼记》，便诞生了。一个有远大政治抱负的人，他的思想感情应该是"先天下之忧而忧，后天下之乐而乐"。如此包容天下的胸怀，不仅让人顿悟，只有包容天下的快意，才是最快意吧。

也就是在庆历六年九月的一个夜晚里，范仲淹往事百感交集书写完《岳阳楼记》的最后一笔，之后送到岳州，滕宗谅大为感动。他立即命人刻石。

那句"先天下之忧而优，后天下之乐而乐"，更是不胫而走，风似的传诵开来。更让他想不到的是，"忧乐圆融"的观念，竟流芳百世……

苏轼：少年得志，已立峰之巅

　　苏轼（1037—1101年），字子瞻，又字和仲，号东坡居士，世称苏东坡、苏仙。北宋眉州眉山（今属四川省眉山市）人，祖籍河北栾城，北宋著名文学家、书法家、画家。有《东坡七集》《东坡易传》《东坡乐府》等传世。

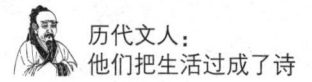
历代文人：
他们把生活过成了诗

年少时候的苏轼明快烂漫，时刻有着童子一样的心情，家乡连绵不绝流淌的岷江，酣畅地翻滚嬉戏，拥着那艘载着父亲和自己兄弟二人的小船，从乐山脚下出发，汇入滚滚长江。

一路顺流直下，父子三人昂首挺胸负手立于船头，前往京城。三双眸子欣赏着沿途的秀丽景色，遇到古迹名胜，三人还上岸登临，指点江山评论古人，兴致来了父子对酌，高歌联句，连白发苍苍的老舟子都感叹道："这哪像是去赶考啊，就是来游山玩水了！"

他怎么会知道，会试对他们来说只是件小事，哪里放在他们父子心里？他们的满腹经纶、治国大理早已铺展在祖国大地上，等待伯乐的赏识。

有六个自负的举人看不起他，决定备下酒菜请苏轼赴宴打算戏弄他。苏轼接邀后欣然前往。入席尚未动筷子，一举人提议行酒令，酒令内容必须要引用历史人物和事件，这样就能独吃一盘菜。其余五人应声叫好。

"我先来。"年纪较长地说："姜子牙渭水钓鱼！"说完捧走了一盘鱼。

"秦叔宝长安卖马！"第二位神气地端走了马肉。

"苏子卿贝湖牧羊！"第三位毫不示弱地拿走了羊肉。

"张翼德涿县卖肉！"第四个急匆匆地伸手把肉扒了过来。

"关云长荆州刮骨！"第五个迫不及待抢走了骨头。

"诸葛亮隆中种菜！"第六个傲慢地端起了最后的一样青菜。

菜全部分完了，六个举人兴高采烈地正准备边吃边嘲笑苏轼时，苏轼却不慌不忙地吟道："秦始皇并吞六国！"说完把六盘菜全部端到自己面前，微笑道："诸位兄台请啊！"

第六章
横空出世惊，飙歌怒放的生命

六举人顿时呆若木鸡。

苏轼少年的豪迈溢于言表，这样一个有着聪颖才学的人，他的人生仕途早已经在脚下铺开。世上有识货之人，在京师父子三人一举成名。可真风光无限，无论是达官贵人贩夫走卒，甚至歌女舞伎，谁不想亲眼看看蜀中三苏的庐山真面目呢？连文坛泰斗欧阳修见了苏轼的文章都在大庭广众之下击节叫好，连声大呼："老夫当避路，放他出一头地也。"

更令人欣喜的是，天子也听说了自己的疆域出了苏轼这样一个了不起的人物，从宫中传出来的消息——仁宗皇帝读了苏轼兄弟的策论回到后宫的时候，欣喜若狂地在皇后面前说："皇后啊，你知道我今天下午都做了些什么？我今天已经为我们的儿子选好了两个宰相！"

欢欣鼓舞的苏轼高高卷起袖子，蘸着淋漓的浓墨，用他那支如椽巨笔在大宋都城，天下的心脏，在天下目光聚焦的中心挥洒着舞动着……

一篇篇《对策》《课百官》《厉法禁》《教战守》……笔锋所到之处，如大江怒涛，夹雷带风，扑天而来，似乎一切盘踞千年的枯木死藤，都将在这雄浑的大浪中被卷入汪洋大海。大宋老迈陈旧的政体在昏昏沉睡中被这股澎湃的热浪冲得苏醒过来，而苏轼看来，下一步就将在自己的帮助下重放光彩，活力再现。接下来就是让不可一世的大辽大夏，统统在大宋脚下顶礼膜拜。

苏轼觉得自己站在了天地间最高的山峰之巅，世间的一切铺展在眼前，他觉得一轮红日将在自己年轻有力的手里冉冉升起。

当大唐的风烟已逝，连同大唐的繁华和大唐的那些曾经耀眼的星辰，大宋的帷幕拉开，时光流转，西蜀的山水间就走来了他，划亮了大宋王朝文化的天空。

尽管苏轼的身世沉浮，但"大江东去，浪淘尽，千古风流人物，故垒西边……"，这一曲气势磅礴的《念奴娇·赤壁怀古》谁人能及？谁

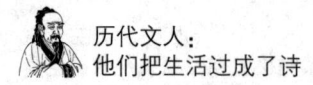
历代文人：
他们把生活过成了诗

能达到这样的气势与高度？它唱响了三国的群雄纷战，萧风肃杀，滔滔江流，滚滚东逝，千古英雄尽覆史海，豪迈奔放地赋在了历史的长河中。之后的"老夫聊发少年狂，左牵黄，右擎苍"让人依然心胸开阔，他又一次展开歌喉，豪迈代替了曼妙，一个个铿锵有的字眼如电火花般急进，再之后的苏堤无言，这一颗璀璨多姿的明珠默默铭记着苏轼的功绩，畅说出华夏文明的曲曲折折……数遍历史，还有谁比他更能称为亘古绝今的大文豪呢？